双层公路钢桁梁桥
车-桥耦合振动研究

刘世忠　耿少波　著

WUHAN UNIVERSITY PRESS
武汉大学出版社

图书在版编目(CIP)数据

双层公路钢桁梁桥车－桥耦合振动研究/刘世忠,耿少波著.—武汉:武汉大学出版社,2018.8
ISBN 978-7-307-20180-4

Ⅰ.双…　Ⅱ.①刘…　②耿…　Ⅲ.公路桥—钢桁架桥—车桥耦合振动—研究　Ⅳ.U448.14

中国版本图书馆 CIP 数据核字(2018)第 097141 号

责任编辑:李　晶　　责任校对:邓　瑶　　装帧设计:吴　极

出版发行:武汉大学出版社　(430072　武昌　珞珈山)
(电子邮件:whu_publish@163.com　网址:www.stmpress.cn)
印刷:北京虎彩文化传播有限公司
开本:720×1000　1/16　　印张:11.5　　字数:212 千字
版次:2018 年 8 月第 1 版　　2018 年 8 月第 1 次印刷
ISBN 978-7-307-20180-4　　定价:80.00 元

前　言

随着中国桥梁设计及施工技术水平的快速发展与车辆生产制造工艺的大幅提升,桥梁结构轻型化与交通高速重载化趋势日益增强,公路桥梁车-桥动力相互作用问题愈显突出,已成为桥梁设计、施工、运营与养护全寿命阶段必须加以考虑与解决的问题。

双层钢桁梁桥占地面积小,可以充分发挥桥位之利,通行能力强,能有效地缓解日益增长的交通压力,已成为中国公路钢桥的一种发展方向与趋势。双层钢桥在力学行为上表现为空间性强、受力复杂,而且由于车道多,车流的随机性强,使得桥梁上、下层各杆件的动力响应极为复杂,动力耦合效应也更为明显。在长期运营中,桥面平整度会持续变差,从而使得车辆自身振动越发剧烈,桥梁结构也会产生更大的动力响应,桥梁结构的安全性与使用寿命都将面临更为严峻的挑战。本书采用理论分析与有限元数值模拟的方法对双层公路钢桁梁桥的车-桥耦合振动问题进行了系统分析与研究,主要研究内容、研究方法与研究成果如下:

(1) 系统阐述了车-桥耦合振动问题的产生,古典研究方法的理论、发展以及国内外研究现状,在分析总结现有车-桥耦合研究成果的基础上,结合双层公路钢桥的受力特点,提出了本书的研究目的与研究意义。

(2) 针对现有公路桥梁车-桥耦合振动响应问题分析的复杂性,结合分离法原理与车辆动力学理论,提出了一种基于 ANSYS 有限元软件平台的公路桥梁车-桥耦合振动响应数值分析方法,通过与相关文献算例结果的对比及实桥动载试验验证了方法的正确性与可靠性。

(3) 采用 UIDL 与 APDL 语言联合编程,依托 ANSYS 软件开发了公路桥梁车-桥耦合振动响应分析模块 VBCVA。该模块只需输入桥梁模型、车道信息与车辆(车流)信息,即可计算出任意结构体系桥梁各位置的挠度冲击系数及其时程响应与各杆件的内力冲击系数及其时程响应。该模块采用图形用户界面(GUI)方式接收用户的输入,操作简便直观,便于工程人员掌握与应用。

（4）以国内首座双层公路钢桁梁桥（三桁刚性悬索加劲钢桁梁桥）——东江大桥为工程背景，利用大型通用有限元软件 ANSYS 建立其三维有限元模型，对其动力特性进行计算。对比实桥动载试验测试结果与有限元分析结果，两者相差较小，从而验证了有限元模型的可靠性，表明所建立的有限元模型能较好地反映实际桥梁的动力特性，有限元建模过程中的单元选取、边界施加和相关假定与实际较为相符，可应用其进行类似双层钢桥的有限元建模与计算分析工作，为进一步开展双层公路钢桁梁桥车-桥耦合振动分析研究提供有限元模型基准。

（5）以东江大桥为工程依托，设计了双层公路简支钢桁梁桥，应用已开发的车-桥耦合振动分析模块 VBCVA，对其车-桥耦合振动响应进行了分析计算，系统地研究了单双层加载模式、车辆数量、车辆速度、车辆质量、桥面不平度等级与桥梁阻尼比等参数独立变化时，桥梁主梁各控制位置处杆件内力与节点挠度时程变化动力响应与冲击系数变化规律，为双层钢桥的设计提供了一定的参考与借鉴。

本书由刘世忠主笔，负责全书的体系安排，组织撰写以及审稿、定稿工作。第1章、第2章、第3章、第5章与第6章由刘世忠撰写，第4章由耿少波撰写。在本书撰写过程中，参考了大量相关的书籍、论文、报纸杂志、网站的资料，已尽可能地在参考文献中列出，但全书难免有遗漏，敬请谅解。

本书的研究工作得到了高等学校博士学科点专项科研基金项目"随机车流作用下双层公路钢桁桥车-桥耦合效应研究（20090205110002）"、国家自然科学基金项目"爆炸作用下钢箱梁缩尺模型响应特征及破坏机理研究（51408558）"的支持。在本书的撰写与出版过程中，得到了山西省高等学校教学改革创新项目（J2017084）与太原科技大学博士启动基金项目（20162010）的资助，并得到太原科技大学贾志绚教授、华北水利水电大学刘世明副教授、内蒙古自治区交通建设工程质量监督局张俊光高级工程师的支持与鼓励，他们对本书提出了许多宝贵的意见与建议，作者在此表示衷心的感谢！

由于作者水平有限，书中难免存在不妥之处，恳请读者批评指正。

著 者

2018 年 5 月

目　　录

1　绪论 ……………………………………………………………… (1)

1.1　车-桥耦合振动研究古典理论 ……………………………… (1)

1.2　车-桥耦合振动研究发展与现状 …………………………… (9)

1.3　公路桥梁冲击系数研究现状 ……………………………… (17)

1.4　已有研究存在的主要问题 ………………………………… (20)

1.5　研究背景及意义 …………………………………………… (21)

1.6　主要研究内容 ……………………………………………… (23)

2　公路桥梁车-桥耦合振动数值分析方法 ………………… (25)

2.1　车-桥耦合振动常见数值解法 …………………………… (25)

2.2　ANSYS 简化车-桥振动模型实现方法 …………………… (33)

2.3　基于 ANSYS 的公路桥梁车-桥耦合振动分析方法 ……… (45)

2.4　算例验证 …………………………………………………… (58)

2.5　本章小结 …………………………………………………… (72)

3　基于 ANSYS 的公路桥梁车-桥耦合振动分析模块开发 ……… (74)

3.1　ANSYS 及其二次开发工具 ……………………………… (74)

3.2　基于 ANSYS 平台的车-桥耦合振动模块开发 …………… (79)

3.3　VBCVA 模块正确性验证 ………………………………… (90)

3.4　本章小结 …………………………………………………… (98)

4　双层公路钢桁梁桥动力特性分析 ……………………… (100)

4.1　工程概况 …………………………………………………… (100)

4.2　动载模态试验 ……………………………………………… (102)

4.3　有限元模态分析 …………………………………………… (106)

4.4　本章小结 …………………………………………………… (111)

5 双层公路钢桁梁桥车-桥耦合振动影响参数分析 ……………………… (112)

  5.1 概述 ………………………………………………………………… (112)

  5.2 单双层加载模式的影响分析 ………………………………………… (119)

  5.3 车辆数量的影响分析 ………………………………………………… (123)

  5.4 车辆速度的影响分析 ………………………………………………… (125)

  5.5 车辆质量的影响分析 ………………………………………………… (129)

  5.6 桥面不平度的影响分析 ……………………………………………… (131)

  5.7 桥梁阻尼比的影响分析 ……………………………………………… (134)

  5.8 本章小结 …………………………………………………………… (134)

6 结论与展望 …………………………………………………………… (136)

附录 A 双轴半车模型匀速通过简支梁的 ANSYS 命令流 …………… (139)

附录 B 常见车辆模型示意图与 APDL 宏文件 ……………………… (143)

参考文献 ………………………………………………………………… (165)

1 绪 论

近年来,随着中国交通运输系统在规模与技术水平上的大幅提升,交通高速、重载化以及结构轻型化趋势日益增强,车辆与结构(房屋建筑、隧道与桥梁结构等)相互之间的动力耦合效应问题变得尤为突出。一方面,当高速行驶的重载车辆通过结构物时,在车辆荷载的动力冲击下,不但会引起结构的振动,而且由于车辆荷载的反复作用,结构物易产生疲劳损伤与破坏,将直接影响结构物的工作状态与使用寿命;另一方面,结构物的振动又会反作用于车辆,进一步加剧车辆的振动,影响车辆运行的安全性与平稳性,在一定条件下,会导致车辆构件损坏,载重物品易受到损害,乘客的舒适性也降低,使得结构的振动状态成为评价结构动力设计参数合理与否的重要参考指标。因此,对车辆与结构耦合系统进行科学、系统的综合分析研究,确定它们在各种状态下的耦合动力性能,是合理进行公路、铁路、地铁与城市轻轨等工程结构设计的实际需要,对于承受移动荷载作用的交通土建工程结构物的设计、建造、运营养护与检测均具有十分重要的理论和现实意义(夏禾,2005;李国豪,1996;陈榕峰,2007;蒋培文,2012;李小珍等,2008)。

1.1 车-桥耦合振动研究古典理论

对车-桥耦合振动问题的研究起源于铁路桥梁,随着 19 世纪 20 年代中期世界上第一条现代意义的铁路在英国建成,列车与桥梁结构之间的动力相互作用问题便引起了桥梁工程师与科技工作者的广泛关注,至今已有 190 余年的历史。1844 年法国与英国工程师对 Britannia 桥进行了模型试验,从此车-桥耦合作用研究的序幕被正式拉开(米静等,2010;宋一凡,2006)。1847 年,英国 Chester 铁路桥在列车行驶通过时失事,此后桥梁运营阶段的车-桥耦合振动问题也被提出。

现场实测法是车-桥耦合作用问题研究早期所采用的主要方式,但试验研究费工费时,所得结果是对所有影响因素的综合反映,不能形成严密的理论体系,于是工程师们开始从理论上研究车-桥耦合振动。古典理论是指主要起源于 20 世纪 50 年代以前的车-桥相互作用的研究方法与理论，由于当时的计算理论与手段落后，完整的车-桥耦合计算模型未能构建，古典理论主要研究在不考虑或只简单考虑车与桥两者之间耦合作用关系下的简支梁桥的竖向振动问题，且过多的假设与简化被引入计算模型，其求解方法基本是解析解或半解析解（曹雪琴等，1987；李小珍，强士中，2002；Biggs J M，1964；Fryba L，1972；林海，肖盛燮，1998）。

车-桥相互耦合作用古典理论主要包括以下 4 大类求解计算模型。

1.1.1 匀速移动常量力作用车-桥模型

俄国学者 Krylov A N(1905)忽略行驶车辆自身的惯性力作用（车辆的质量效应），将移动车辆荷载等效为移动常量力，建立了简支梁桥在匀速移动常量力作用下的车-桥振动模型，避免了复杂变系数微分方程的求解，对于车、桥质量比相对较小的情况（例如较大跨度的公路桥梁），可以给出桥梁结构动力响应的近似解。但后续瑞士 EMPA 实验室进一步研究发现只有当常量力移动速度超过 200m/s 时，车桥共振现象才可能出现，这与实际车辆的行驶状况差别较大，因此采用不考虑车辆质量效应的匀速移动常量力作用车-桥模型进行桥梁结构振动计算是不合理的，但是该理论对早期桥梁结构车-桥动力效应评定还是做出了很大的贡献(Cantieni R，1983；1992)。

图 1.1 为常量力 F 以匀速 v 通过等截面简支梁车-桥作用模型（简支梁跨径为 l，主梁抗弯刚度为 EI），假设桥梁的运动满足小变形理论且在弹性范围内，桥梁质量均匀分布（即单位长度梁的质量 $\overline{m}$ 为常数），不计桥梁的阻尼。初始时刻 $t=0$ 时，常量力 F 位于左边支座处；时刻 t 时，常量力 F 将移动到距左边支座 vt 处。

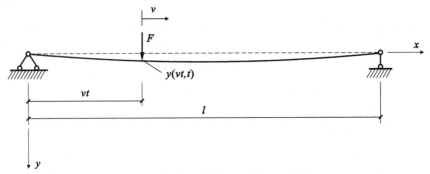

图 1.1 匀速移动常量力通过简支梁模型

按照图 1.1 所示的坐标系,简支梁在外荷载 $F(x,t)$ 作用下的强迫振动微分方程可用下式表示:

$$EI\frac{\partial^4 y}{\partial x^4} + \overline{m}\frac{\partial^2 y}{\partial t^2} = F(x,t) \tag{1.1}$$

可采用振型分解法(即数学上的分离迭代法)对偏微分方程(1.1)进行求解。振型分解法的基本思路是将结构的几何坐标变换成振型(广义)坐标,然后利用振型正交特性对振动方程进行解耦,最后通过假定合理振型函数以求得桥梁结构的动力响应。对于一维的线弹性简支梁桥,其振型变换表达式为:

$$y(x,t) = \sum_{i=1}^{n} q_i(t)\phi_i(x) \quad (i=1,2,3,\cdots,n) \tag{1.2}$$

式中,$q_i(t)$ 为时间 t 的函数,是振型(广义)坐标;$\phi_i(x)$ 为主振型函数。

依据振型正交特性,把式(1.2)代入式(1.1)中,经化简后可获得解耦的强迫振动方程:

$$\ddot{q}_i(t) + \omega_i^2 q_i(t) = Q_i(t) \quad (i=1,2,3,\cdots,n) \tag{1.3}$$

式中, $\omega_i^2 = \dfrac{EI\displaystyle\int_0^l \left[\dfrac{\mathrm{d}^2\phi_i(x)}{\mathrm{d}x^2}\right]^2 \mathrm{d}x}{\overline{m}\displaystyle\int_0^l \phi_i^2(x)\mathrm{d}x}$,为简支梁的各阶固有频率;$Q_i(t) =$

$\dfrac{\displaystyle\int_0^l F(x,t)\phi_i(x)\mathrm{d}x}{\overline{m}\displaystyle\int_0^l \phi_i^2(x)\mathrm{d}x}$,为广义激扰力。

对于等截面的简支梁,振型函数可以假定为三角函数,即:

$$\phi_i(x) = \sin\frac{i\pi x}{l} \tag{1.4}$$

故对于匀速移动的常量力 F,广义激扰力为:

$$Q_i(t) = \frac{\displaystyle\int_0^l F\delta(x-vt)\phi_i(x)\mathrm{d}x}{\overline{m}\displaystyle\int_0^l \phi_i^2(x)\mathrm{d}x} = \frac{\displaystyle\int_0^l F\delta(x-vt)\sin\frac{i\pi x}{l}\mathrm{d}x}{\overline{m}\displaystyle\int_0^l \sin^2\frac{i\pi x}{l}\mathrm{d}x}$$

$$= \frac{2F}{\overline{m}l}\sin\frac{i\pi vt}{l} \quad (i=1,2,3,\cdots,n) \tag{1.5}$$

式中,δ 为 Dirac 函数,满足条件 $\displaystyle\int_{-\infty}^{+\infty} \delta(x-\eta)f(x)\mathrm{d}x = f(\eta)$ 。

于是,式(1.3)可以写成如下形式:

$$\ddot{q}_i(t) + \omega_i^2 q_i(t) = \frac{2F}{\overline{m}l}\sin\frac{i\pi vt}{l} \quad (i=1,2,3,\cdots,n) \tag{1.6}$$

当初始条件为静止时,可得到式(1.6)的解为:

$$q_i(t) = \frac{2F}{\overline{m}l\omega_i^2} \frac{1}{1 - \frac{\Omega_i^2}{\omega_i^2}} \left(\sin\Omega_i t - \frac{\Omega_i}{\omega_i}\sin\omega_i t \right) \tag{1.7}$$

式中,$\Omega_i = \dfrac{i\pi v}{l}$,为常量移动力广义扰动频率;$\omega_i = \left(\dfrac{i\pi}{l}\right)^2 \sqrt{\dfrac{EI}{\overline{m}}}$,为简支梁固有角频率。

综合式(1.2)与式(1.7),可得简支梁桥的竖向动力响应为:

$$y(x,t) = \frac{2F}{\overline{m}l} \sum_{i=1}^{n} \frac{1}{\omega_i^2 - \Omega_i^2} \left(\sin\Omega_i t - \frac{\Omega_i}{\omega_i}\sin\omega_i t \right) \sin\frac{i\pi x}{l} \tag{1.8}$$

式中,括号内的前一项表示桥梁结构在车辆移动力作用下的强迫振动,后一项则表示桥梁结构自身的自由振动。

1.1.2 匀速移动简谐力作用车-桥模型

由于完全忽略车体质量惯性效应的移动力作用车-桥模型不能真实地反映车-桥振动现象,因此迫切需要建立更为合理的车-桥作用模型。各国学者与工程师在后续研究中发现列车过桥驱动轮对桥梁结构的锤击作用力与汽车行驶过桥的车体振动惯性力一般按照简谐波规律变化。在匀速移动常量力作用车-桥模型的基础上,Timoshenko S P(1922)将车辆作用力当作简谐荷载,提出了匀速移动简谐力作用车-桥模型,研究了匀速移动简谐力作用下简支梁桥的竖向振动响应问题。尽管把运动车辆惯性力等效为随时间变化的简谐波荷载形式仍然是一种近似考虑,但它在一定程度上反映了车辆荷载作用的某些特性,对现代车-桥耦合作用理论的形成产生了积极的影响。

图1.2为简谐力 $F\cos\omega_p t$ 以匀速 v 移动通过等截面简支梁车-桥作用模型,假设桥梁的运动满足小变形理论且在弹性范围内,桥梁质量沿桥纵向分布均匀(即单位长度梁的质量 $\overline{m}$ 为常数),不计桥梁结构自身阻尼的影响。设初始时刻 $t=0$ 时,简谐力 $F\cos\omega_p t$ 位于简支梁左边固定铰支座处;任意时刻 t 时,简谐力 $F\cos\omega_p t$ 将移动到距简支梁左端 vt 处。

此时,广义扰动力为:

$$Q_i(t) = \frac{\int_0^l F\cos\omega_p t\delta(x - vt)\,\phi_i(x)\,\mathrm{d}x}{\overline{m}\int_0^l \phi_i^2(x)\,\mathrm{d}x} = \frac{\int_0^l F\cos\omega_p t\delta(x - vt)\sin\frac{i\pi x}{l}\,\mathrm{d}x}{\overline{m}\int_0^l \sin^2\frac{i\pi x}{l}\,\mathrm{d}x}$$

$$= \frac{2F}{\overline{m}l}\cos\omega_p t\sin\frac{i\pi vt}{l} \quad (i = 1,2,3,\cdots,n) \tag{1.9}$$

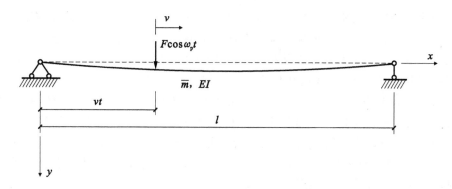

图 1.2 匀速移动简谐力通过简支梁模型

则简支梁桥各振型经解耦后的强迫振动方程为:

$$\ddot{q}_i(t) + \omega_i^2 q_i(t) = \frac{2F}{\overline{m}l}\cos\omega_p t \sin\frac{i\pi vt}{l}$$

$$= \frac{F}{\overline{m}l}\left[\sin(\omega_p + \Omega_i)t - \sin(\omega_p - \Omega_i)t\right] \quad (i = 1,2,3,\cdots,n)$$

$$(1.10)$$

式中,$\Omega_i = \dfrac{i\pi v}{l}$,为车辆移动简谐荷载与速度相关的各阶广义扰动频率;ω_p 为车辆简谐荷载的扰动频率;$\omega_i = \left(\dfrac{i\pi}{l}\right)^2\sqrt{\dfrac{EI}{\overline{m}}}$,为简支梁桥的各阶自振频率。

方程(1.10)的解可以通过把右边两个正弦函数的解相加而获得,即为:

$$y(x,t) = \frac{F}{\overline{m}l}\sum_{i=1}^{n}\left\{\frac{1}{\omega_i^2 - (\omega_p + \Omega_i^2)}\left[\sin(\omega_p + \Omega_i)t - \frac{\omega_p + \Omega_i}{\omega_i}\sin\omega_i t\right] - \right.$$

$$\left. \frac{1}{\omega_i^2 - (\omega_p - \Omega_i^2)}\left[\sin(\omega_p - \Omega_i)t - \frac{\omega_p - \Omega_i}{\omega_i}\sin\omega_i t\right]\right\}\sin\frac{i\pi x}{l} \quad (i = 1,2,3,\cdots,n)$$

$$(1.11)$$

在实际车桥相互作用时,考虑车辆惯性的移动简谐荷载 $F\cos\omega_p t$ 与考虑车辆重力的移动常量力会同时作用于桥梁结构上,此时简支梁强迫振动方程的全解可以由式(1.8)与式(1.11)相加而得到。

1.1.3 匀速滚动质量作用车-桥模型

随着车-桥耦合作用研究的深入,工程技术人员发现车-桥振动系统中车辆与桥梁结构的质量效应对桥梁结构振动影响显著,采用前述忽略桥梁质量的两类车-桥模型计算结果与实际差别明显。Schallenkamp A(1937)将桥梁与移动车辆的质量均视为不可忽略的因素,通过将移动车辆等效为滚动质量的方式,在考虑移动车辆惯性作用影响基础上对简支梁的车-桥强迫振动问题进行了深入探析。由于桥梁质量因素的引入,桥梁振动方程成为变系数微分方程,此方程解析解获取困难,一般可采用数值法进行求解。后来 Muchnikov V M(1964)和 Ryazanova M Ya(1958)通过解积分方程获得了解答。匀速滚动质量作用车-桥模型考虑了车体质量与桥梁质量对车-桥耦合振动效应的影响,更能体现出车辆行驶通过桥梁时车-桥振动的真实状况,但是由于其忽略了车辆系统自身的振动特性(车辆自身为弹簧-质量振动体系),所以其计算结果与实际车辆过桥测试结果相比存在一定的差别。

图 1.3 为滚动质量 m_v 在简支梁上匀速通过的模型(不计桥梁结构的阻尼影响)。假定在滚动过程中,质量无跳起现象,即始终与桥梁表面保持密贴接触状态。初始时刻 $t=0$ 时,质量 m_v 位于左边支座位置处;时刻 t 时,质量 m_v 将移动到距左边支座 vt 位置处。

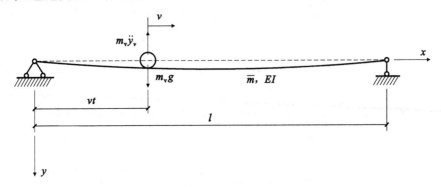

图 1.3 匀速滚动质量通过简支梁模型

任意时刻 t,滚动质量对梁的作用力等于其重力减去质量的惯性力,即为:

$$F(t) = m_v g - m_v \ddot{y}_v = m_v g - m_v \ddot{y}(x,t) \tag{1.12}$$

令 $y(x,t) = \sum_{i=1}^{n} q_i(t) \phi_i(x) (i=1,2,3,\cdots,n)$,则 $\ddot{y}(x,t) = \sum_{i=1}^{n} \ddot{q}_i(t) \phi_i(x)$,将其代入式(1.12)中,可得:

$$F(t) = m_v g - m_v \sum_{i=1}^{n} \phi_i(x) \ddot{q}_i(t) \tag{1.13}$$

于是广义扰动力可以表达为:

$$Q_i = \frac{\int_0^l F(t)\delta(x-vt)\phi_i(x)dx}{\overline{m}\int_0^l \phi_i^2(x)dx} = \frac{2F(t)\phi_i(vt)}{\overline{m}l}$$

$$= \frac{2m_v}{\overline{m}l}\left[g - \sum_{j=1}^n \sin\frac{j\pi vt}{l}\ddot{q}_j(t)\right]\sin\frac{i\pi vt}{l} \quad (i=1,2,3,\cdots,n) \quad (1.14)$$

将式(1.14)代入式(1.3)中,可得各阶振型的无阻尼强迫振动方程为:

$$\ddot{q}_i(t) + \omega_i^2 q_i(t) = \frac{2F(t)\phi_i(vt)}{\overline{m}l}$$

$$= \frac{2m_v}{\overline{m}l}\left[g - \sum_{j=1}^n \sin\frac{j\pi vt}{l}\ddot{q}_j(t)\right]\sin\frac{i\pi vt}{l} \quad (i=1,2,3,\cdots,n)$$

$$(1.15)$$

经整理后可以得到:

$$\ddot{q}_i(t) + \left(\frac{2m_v}{\overline{m}l}\sin\frac{i\pi vt}{l}\right)\sum_{j=1}^n \sin\frac{j\pi vt}{l}\ddot{q}_j(t) + \omega_i^2 q_i(t) = \frac{2m_v g}{\overline{m}l}\sin\frac{i\pi vt}{l}$$
$$(i=1,2,3,\cdots,n) \quad (1.16)$$

式(1.16)为二阶变系数非齐次微分方程组,其解析解通常难以求得,一般采用数值计算法利用计算机程序对其进行数值求解。

1.1.4 匀速移动弹簧-质量作用车-桥模型

随着车-桥作用理论研究的深入发展,工程师们逐渐认识到只有全面考虑车辆自身振动性能的车桥模型才能较真实地反映实际车-桥振动现象。Biggs J M(1954)通过建立弹簧-质量车辆动力模型,系统分析了简支梁桥的车-桥振动响应(Inglis C E,1934)。匀速移动弹簧-质量作用车-桥模型不仅能够获得桥梁结构的动力响应,而且也能较全面地反映车体自身的振动规律,车、桥相互耦合作用的振动机理得到了充分诠释。弹簧-质量车桥模型首次揭示了车辆模型准确性对车-桥振动影响的重要性,对车-桥耦合振动理论的发展与完善具有非常重要的指导作用,是现代车-桥耦合振动理论的原型。

由于匀速移动的弹簧-质量系统通过桥梁时的耦合振动机理复杂,影响因素众多,难以进行直接求解,通常引入下列假设以获得其近似解。

(1)图1.4(a)为弹簧-质量车-桥耦合系统,桥梁为等截面简支梁桥,主梁单位长度质量为$\overline{m}$,主梁的抗弯刚度为EI。

(2)如图1.4(b)所示,车辆模型由车体质量M_{vs}与车轮轴部分质量M_{vu}组成。跳动的车体质量M_{vs}由刚度为k_v的弹簧(车辆悬架)支承着,且假定车轮轴

部分质量 M_{vu} 与桥面始终保持不分离密贴接触状态。

（3）桥梁与车辆模型的阻尼均采用仅与速度成正比的黏性阻尼模型。

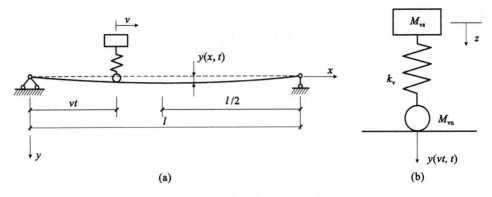

图 1.4　匀速移动弹簧-质量系统通过简支梁模型

（a）弹簧-质量车-桥耦合模型；（b）车辆振动模型

匀速移动弹簧-质量系统通过简支梁模型如图 1.4 所示，车辆对简支梁的作用力可以表示为：

$$F(t) = M_{vu}(g - \ddot{y}_v) + [k_v(z - y_v) + M_{vs}g] \tag{1.17}$$

式中，z 为簧上质量 M_{vs} 的绝对位移（由静力平衡位置算起）；y_v 为簧下质量 M_{vu} 的竖向位移（等于相应位置处梁的挠度）；k_v 为车辆悬挂系统的刚度；g 为重力加速度。

式（1.17）中的第一项与式（1.12）相同，第二项是汽车车体（簧上质量）项。

令 $y(x,t) = \sum\limits_{i=1}^{n} q_i(t)\,\phi_i(x)$，则 $\ddot{y}(x,t) = \sum\limits_{i=1}^{n} \ddot{q}_i(t)\,\phi_i(x)$，将其代入式（1.17）中，可得：

$$F(t) = M_{vu}\left[g - \sum_{i=1}^{n}\ddot{q}_i(t)\sin\frac{i\pi vt}{l}\right] + k_v\left[z(t) - \sum_{i=1}^{n}q_i(t)\sin\frac{i\pi vt}{l}\right] + M_{vs}g$$

$$\tag{1.18}$$

于是，相应的广义扰动力为：

$$Q_i(t) = \frac{\int_0^l F(t)\delta(x - vt)\,\phi_i(x)\mathrm{d}x}{\overline{m}\int_0^l \phi_i^2(x)\mathrm{d}x} = \frac{2F(t)\,\phi_i(vt)}{\overline{m}l}$$

$$= \left[\frac{2M_{vu}}{\overline{m}l}\left(g - \sum_{j=1}^{n}\sin\frac{j\pi vt}{l}\ddot{q}_j(t)\right) + \right.$$

$$\frac{2k_{\mathrm{v}}}{\overline{m}l}\left(z-\sum_{j=1}^{n}\sin\frac{j\pi vt}{l}\ddot{q}_j(t)\right)+\frac{2M_{\mathrm{vs}}g}{\overline{m}l}\right]\sin\frac{i\pi vt}{l} \quad (i=1,2,3,\cdots,n)$$

$$(1.19)$$

则各阶振型的解耦强迫振动微分方程为：

$$\ddot{q}_i(t)+\frac{2M_{\mathrm{vu}}}{\overline{m}l}\sin\frac{i\pi vt}{l}\sum_{j=1}^{n}\sin\frac{j\pi vt}{l}\ddot{q}_j(t)+\omega_i^2 q_i(t)=$$

$$\left[\frac{2(M_{\mathrm{vu}}+M_{\mathrm{vs}})}{\overline{m}l}g+\frac{2k_{\mathrm{v}}}{\overline{m}l}\left(z-\sum_{j=1}^{n}\sin\frac{j\pi vt}{l}\ddot{q}_j(t)\right)\right]\sin\frac{i\pi vt}{l} \quad (i=1,2,3,\cdots,n)$$

$$(1.20)$$

对应于桥梁结构的每一阶振型，通过式（1.20）均可建立一个微分方程，且方程之间相互耦联。考虑簧上质量 M_{vs} 的竖向振动，其动力平衡微分方程为：

$$M_{\mathrm{vs}}\ddot{z}(t)+k_{\mathrm{v}}\left[z(t)-\sum_{i=1}^{n}q_i(t)\sin\frac{i\pi vt}{l}\right]=0 \quad (1.21)$$

由式（1.20）和式（1.21）构成 $n+1$ 阶方程组，可借助计算机采用数值法获得车-桥耦合系统的动力响应。

受到早期计算理论与计算方法的限制，车-桥耦合振动古典理论对车辆模型与桥梁模型都做了过多的简化，通常忽略车辆悬架系统特性、桥梁阻尼与桥面不平整度等因素的影响，且仅考虑简支梁的竖向动力效应，不能充分考虑车桥之间真实的相互耦联关系，其计算结果与实际车辆行驶过桥试验测试结果偏差较大，不能真实地反映车辆与桥梁结构的实际受力与运动状态。但是车-桥耦合振动古典理论揭示了车-桥耦合相互作用的现象，在一定程度上诠释了车-桥相互作用的机理，初步获得了车-桥耦合振动的影响规律，对早期的桥梁设计与检测工作起到了巨大的指导与推动作用，对后续车-桥耦合振动研究的发展也起着非常重要的指导作用。

1.2 车-桥耦合振动研究发展与现状

车辆与桥梁结构的动力耦合相互作用是一个十分复杂的课题，而且许多影响因素具有随机性质，车-桥耦合振动古典理论显然不能全面合理地模拟车-桥耦合振动问题。20 世纪六七十年代，随着科学技术的快速发展，具有高速运算功能的电子计算机问世并被广泛应用于工程技术领域，与此同时以数值计算为核心的有限元理论也日渐成熟，这使得车-桥耦合振动研究从车桥系统的力学模型、激励源的模拟到研究方法与数值计算手段等各方面都有了质的飞跃，车-

桥耦合振动的研究逐步摆脱了计算能力与计算理论的限制,步入较为深入、系统的现代车-桥耦合振动研究阶段(杨建荣,2008;王晓臣,2008;章长久,2010;张洁,2007;孙韦,2009;王森,2014;赵雪松,2014)。从 20 世纪 50 年代开始,诸多国外与国内桥梁工程技术人员、学者先后建立了多种车-桥振动模型,开展了一系列车-桥振动理论与实践的系统研究工作,为车-桥耦合振动理论的发展作出了重要贡献。

1.2.1　国外研究发展与现状

(1)铁路桥梁。

20 世纪 50 年代末期,随着高速铁路开始在日本、西欧等国的兴建,高速运行的列车通过桥梁时的平稳与安全性变得尤为重要,由此对车桥相互作用的动力分析提出了更高的要求,这极大地促进了车-桥系统耦合振动研究的发展。在国外,比较完善的车-桥力学模型和运动方程是由松浦章夫、朱光汉(Chu K H)和 Diana G 等人建立的。松浦章夫全面综合考虑了车体与车辆双转向系的竖向浮沉和俯仰自由度以及 4 个轮对各自的竖向运动自由度,形成了 10 个自由度的多刚体车辆模型,并考虑铁轨的高低起伏影响,基于能量原理推导出了车-桥耦合振动的运动微分方程,采用自编程序实现了车辆过桥全过程的动态数值模拟计算。研究发现,当车速超过 300km/h 时,桥梁的动力系数将随车速的增加而明显增大。松浦章夫还特别研究了桥梁的共振问题,提出在高速铁路桥梁上,有规则的轴重排列所引起的荷载周期与梁的固有周期的比为整数时就会引起桥梁的共振(夏禾,2005)。

美国伊利诺理工学院朱光汉、Dhar C L 和 Garg V K 将车辆等效为具有竖向位移、俯仰与侧滚自由度的刚性质量块,采取将质量简化到桁梁节点上的方法,建立了车-桥耦合作用的三维分析模型,并将空间车-桥耦合振动方程组表示为矩阵的形式。为了进一步研究轨道表面不平顺对车-桥动力的影响,他们利用计算机自编程序模拟了轨面不平顺空间样本序列,并通过逐步积分法求解车-桥的振动响应,这为车-桥耦合系统的随机振动分析开辟了一条崭新的分析思路(Dhar C L,1978;Wiriyachai A et al,1982)。

Bhatti M H(1982)在其博士论文中同时考虑车辆的竖向与横向振动自由度,将空间车辆分成车身、摇枕(2 个)与转向系(2 个)三大部分,从而形成了具有 21 个自由度的三维两系弹簧车辆模型,以铁轨的横向蛇行波与竖向不平顺作为车辆激励,推导了桥梁结构与车辆的运动方程,并通过轮轨之间位移与力的耦合关系建立联系,对 53.34m 跨度的简支梁桥进行了空间车-桥耦合振动分析,研究了各杆件的动力系数变化规律(Bhatti M H,1982)。

1984 年,基于 Bhatti M H 车桥模型与桥梁技术参数,Wang T L(1984,1990,1992,1993)分别建立了 19 个自由度与 23 个自由度的三维车辆振动改进模型,重新对桁梁桥的空间动力响应与冲击系数进行了研究。

意大利学者 Diana G(1988,1989)通过对不同车辆、桥梁,以及桥面轨道线路结构的综合研究,采用离散化方法建立了车-轨-桥动力作用综合模型。该模型不仅考虑了轨道结构自身的弹性以及轮轨之间的动力相互作用,而且能够计入桥上轨道线路结构对车桥振动的影响。

1985—1991 年,有限元模态综合分析技术被广泛用于各种车-桥耦合振动问题的求解(Olsson M,1985;1991)。Tanabe M(1987)通过仔细研究日本新干线上的四轴客车,建立了考虑车体及前后转向架各 5 个自由度与 4 个轮对各 4 个自由度合计共 31 个自由度的空间车辆模型,采用有限元模态综合技术,系统分析了车-桥相互作用下的桥梁与车辆的空间振动响应;Bogaert(1993)对列车高速通过肋式拱桥的耦合振动现象进行了研究,并给出了桥梁动力系数的简化计算公式;Green M F 和 Gebon D(1994)基于模态叠加法并结合 FFT 和 IFFT 技术,提出了在频率域内对分离的车-桥作用系统进行求解的新方法,并对多座实际桥梁结构的动力响应进行了计算分析。

Yang Y B 等(1995,2002)通过对车辆相关自由度在车体级的凝聚,提出了一种高计算效率的动态凝聚法。采用这种方法进行车-桥耦合振动分析,不但能获得车辆与桥梁结构的动态响应,而且能得到车辆与桥梁结构相互之间的耦合力,同时避免了迭代计算,与以前的车-桥振动求解方法相比改进较大。

Cheng Y S 等(2001)在其论文中综合考虑桥梁、轨道与车辆三大系统的相互作用,提出了基于车-轨-桥单元的车-桥耦合计算模型。分别应用车-轨-桥单元建立了一座单跨简支梁桥的车-桥振动模型与一座 5 跨连续梁桥的车-桥振动模型,探讨分析了中间轨道单元设置与否对车-桥振动结果的影响,结果表明考虑中间轨道单元的车-桥模型更接近实际车桥状况,其车-桥耦合计算结果更为可靠。

Museros P 等(2005)考虑二阶模态影响后,对高速铁路列车-桥梁耦合共振进行了分析研究;Dinh V N 等(2009)提出轮轨接触作用模型,其可以考虑车-桥系统刚度与阻尼的非线性特征,并对列车通过两跨连续梁桥的动力响应进行了数值计算,分析了桥梁、列车车体与轮对的动态响应。Adam C 和 Salcher P(2014)将高速列车看作移动集中力,对单跨简支梁与双跨连续梁等简单桥梁结构的动力响应进行了数值计算,并提出列车-桥梁系统的无量纲特征参数,实现了移动列车作用下简单桥梁结构动力响应峰值的评估预测。

（2）公路桥梁。

对于公路桥梁的车-桥耦合振动的研究,起源于铁路桥梁的车-桥耦合振动,由于公路桥梁的车-桥耦合振动与铁路桥梁的车-桥耦合振动具有一定的相似性,前者在其研究过程中采用的桥梁与车辆的计算模型与后者基本相似,计算方法及研究手段也基本相同。因此,尽管前者研究起始时间相对较晚,但是发展迅速。

19 世纪末,法国工程师 Delandres M 通过对巴黎附近的 Pontoise 桥的动力荷载试验,拉开了人类对公路桥梁车-桥耦合振动研究的序幕。1960 年,Wen R K 通过对桥梁竖向位移曲线的合理假定,采用能量法系统研究了考虑桥面不平整度因素影响的双轴车过桥的振动响应问题。20 世纪 70 年代,随着有限元理论与技术的不断完善与成熟,传统的车-桥耦合动力研究有了新的突破,车-桥耦合振动进入了系统的动力学研究阶段。

20 世纪 80 年代,Kawatani M 等(1988)采用双轴汽车模型研究了一座简支梁桥的非平稳随机振动响应问题。90 年代,Kou C H 等(1992)通过采用结构矩阵分析法,推导了单节点 7 个自由度(3 个线位移、3 个角位移与 1 个截面翘曲位移自由度)的运动控制微分方程,研究了一种计算空间曲线梁桥自振特性的计算方法。Wang T L 等(1992)考虑随机路面不平整度的影响,采用平面杆件桥梁模型与 3 轴 7 个自由度平面汽车模型,利用振型叠加法对一公路大跨度斜拉桥的车-桥振动问题进行了计算分析;Kawatani M 等(1998)采用 3 轴车辆模型,考虑桥面不平整、桥梁的弯曲与扭转变形,采用数值方法计算了桥梁的动力响应,并将计算结果与试验数据进行了对比,两者吻合良好;Chatterjee P K 等(1994)近似采用正交异性板与集中质量分布梁模型来等效桥梁结构,研究了简支梁桥受汽车刹车作用后的振动性能;Wang T L 等(1994)考虑桥面不平顺,计算了 1 辆或 2 辆车通过斜腿刚构桥时的桥梁动力响应,研究表明斜腿刚构桥不同断面的最大动力响应取决于 2 辆车在桥上的横向位置、车速和桥面平整度;Kou J W 等(1997)建立了一座 4 跨连续梁桥空间有限元模型,分析了不同因素对桥梁各点动态响应的影响,结果表明桥梁跨度、阻尼特性、路面状况、车速及车所在位置对桥梁动力响应影响较大。Zheng D K 等(1998)对振动梁函数法进行了修正,提出了修正的振动梁函数法,并应用其对多跨连续梁车致振动问题进行了理论分析。

21 世纪初,Zhang Q L 等(2001)研究了不同桥面平整度、行车车道对桥梁结构动力响应的影响;Croce P 和 Salvatore W(2001)研究了随机车型的组合对桥梁结构冲击效应的影响;Xu Y L 与 Guo W H(2003)假定车辆在过桥时保持其车轮不脱离桥面(不发生跳车现象)且不会发生横向滑行,桥梁采用三维有限元模型,利用 Wilson-θ 法求解车-桥-路-风耦合振动方程,并对一座斜拉桥在风力作用下车-桥-路耦合系统的安全性进行了评价;Da Silva(2004)采用集中质量-弹簧-阻尼系统模拟车辆,考虑了桥面平整度影响,提出了利用频域内全概率公式计算移动车辆荷载作用下桥梁结构动力响应的方法,并计算分析了车辆匀速通过不平顺桥面时桥梁的动力响应。Calcada R、Cunha A 与 Delgado R(2005)通过 3 轴汽车模型研究了桥面平整度及行车速度对斜拉桥动力响应的影响。Kwasniewski L 等(2006)利用显式动力学软件 LS-DYNA 对卡车与桥梁动力相互作用进行动态有限元求解,并通过实桥动载试验验证了有限元计算的正确性。

1.2.2 国内研究发展与现状

(1) 铁路桥梁。

在我国,同济大学李国豪院士最早开展了移动荷载作用下桥梁的强迫振动问题研究。李国豪院士(1975,1996)先后开展了铁路机车作用下悬索桥的动力响应与移动车辆作用下拱桥的车-桥振动问题的研究工作。20 世纪 70 年代,北京交通大学陈英俊教授提出了改进的 Bleich 法,应用其分析了不同列车速度下桥梁结构的动力响应,并给出了桥梁冲击系数随车速的变化规律。从20 世纪 80 年代初开始,随着车-桥共振问题的凸显,国内相关科研机构与高校对车-桥动力耦合作用开展了大量深入系统的研究,各种车-桥耦合作用模型相继被提出。

铁道部铁道科学研究院程庆国院士、潘家英与许慰平研究员带领其课题组成员对列车-桥梁耦合系统振动问题开展了深入细致的分析。他们把车、桥当作一个联合振动系统,通过假定的轮轨间位移关系将车辆(机车)车体、转向架、轮对的运动方程与桥梁振动方程联系起来,采用 Wilson-θ 逐步积分法在时域内对车-桥振动系统进行直接积分求解,此方法不但可以计算列车逐节进、出桥时桥梁结构的动力响应,还可以考虑各种非线性因素的影响(程庆国,许慰平,1992;程庆国,潘家英,1992)。许慰平研究员(1988)基于车-桥间弱耦合特性假定,采用车、桥分组去耦迭代的方法实现了车-桥振动问题的求解,大大提高了车流作用下车-桥振动的分析效率;张煜(1996)针对干线提速引起的列车脱轨与桥梁结构严重横摆振动现象,开展了大量现场实桥振动测试,并深入剖析了此类现象产生的原因。21 世纪初,高岩与张煜(2000)综合考虑行驶车辆车体加速度与桥梁结构动力响应等相关指标,运用数值计算手段,对中、小跨径铁路桥梁的竖向、横向刚度限值与刚度合理分布问题进行了研究。同时,他们(2000)与西南交通大学建立合作关系,采用理论分析与现场实测相结合的手段,深入研究了列车提速对桥梁结构动力响应的影响,并提出了解决列车提速的对策与方案。

同济大学曹雪琴教授(1981,1986,1991)等同时考虑轨面高低起伏和列车横向蛇行摆动的影响,推导了列车-桥梁振动体系的运动方程,编制了逐步积分车-桥动力求解程序,并结合大量现场实测,对铁路钢桁梁桥在列车过桥时的空间(竖向、横向)振动进行了深入探析。马坤全等(1998)以天生桥43米钢塔架桥墩为工程依托,研究了列车过桥时高墩的动力响应与稳定性;2000年,为实现沪宁线铁路提速的需求,曹雪琴、顾萍与王刚进行了钢梁桥(下承板梁与半穿桁梁)在列车高速运行下的振动测试分析。与此同时,曹雪琴等(1999)对铁路桥梁检定规范的修订做了大量工作,2004年《铁路桥梁检定规范》(铁运函〔2004〕120号)开始实施,这不仅大大加快了我国铁路提速改造的进程,而且为铁路桥运营阶段的养护维修提供了指导。

中南大学(原长沙铁道学院)曾庆元院士及其研究人员基于能量随机分析法,将车、桥看作整体动力系统,通过建立系统瞬时势能表达式,依据势能不变原理导出了车-桥耦合振动方程,分析了机车构架横向蛇行波对车-桥系统振动的影响。张麒(1998)对钢桁梁桥横向刚度控制指标进行了研究;郭文华等(1999)采用数值计算法对新建南京跨江方案桥动力性能进行了分析,研究了车速对大跨斜拉桥空间振动的影响;郭向荣等(2000)提出了考虑桥梁预应力效应的列车-多Ⅱ形截面梁桥的空间振动模型。

西南交通大学强士中教授及其课题组对车桥共振现象开展了一系列较深入系统的研究工作。葛玉梅等(1998)基于轮对与铁轨间弹性联系的假定,建立了包含33个自由度的空间列车模型,采用随机振动理论分析了一座铁路钢桁桥的三维振动响应,并通过与实桥现场测试结果的对比分析,得出了与弹性联接模型相比,密贴理论的计算结果更加接近于实际的结论;李小珍等(1998,1999)分别对一钢桁斜拉桥与连续拱桁组合钢桁梁桥进行了车-桥空间耦合振动响应分析。郝超等(1999)与黄维平等(1999)探讨了调谐质量阻尼器(TMD)对桥梁的振动控制问题。

北京交通大学陈英俊教授与夏禾教授带领课题组成员对车-桥系统耦合振动及相关问题进行了系列研究。1982—1984年,他们基于模态综合法,考虑桥墩变形对车桥系统振动的影响,提出了车-桥-墩联合振动模型,并对成昆线4座高墩桥梁进行了现场动力测试,结果表明车-桥-墩联合振动模型能较真实地反映桥梁的实际振动状态;1985—1988年,对刚梁柔拱组合体系桥的振动响应问题进行了研究;1994—1995年,课题组考虑风对车-桥振动的影响,进一步研究了车-桥系统在脉动风荷载作用下的振动响应与可靠性；1994 年，研究了地震作用下车-桥系统的动力响应问题；2002—2003 年，先后与香港理工大学、比利时 Leuven 大学合作，分别对强风作用下的车-桥系统振动与交通系统引起的环境振动问题进行了深入研究，取得了一系列先进成果；2003—2004 年，对各种桥式（简支梁桥、连续梁桥、刚构桥与拱桥）进行了动力特性及走行性分析，为中国高速铁路桥梁建造提供了重要参考；郭艳、夏禾等（2006）对斜拉桥在列车与地震荷载同时作用下的动态响应进行了分析。

（2）公路桥梁。

与铁路列车荷载相比，公路汽车荷载相对较小，早期车-桥动力问题并不突出。直到 20 世纪 90 年代后期，随着中国经济与公路建设的迅速发展，桥梁大跨柔性化与交通高速重载化趋势日益增强，公路桥梁车-桥动力相互作用问题才开始逐渐受到国内学者与工程技术人员的重视。

王元丰与许士杰（2000）将车辆与桥梁视为一个相互作用的整体系统，利用有限元数值计算的方法获得桥梁模态，并将桥梁结构自振模态代入车、桥动力方程，编制了基于 Newmark-β 法的动力计算程序，对简支梁与连续梁的车-桥耦合振动响应进行了相应研究；刘菊玖等（2001）结合随机分析与结构动力理论，综合考虑车-桥振动特性与桥面不平整度状况对车-桥耦合力的影响，进行大量计算分析后，提出了一种桥梁冲击系数计算的新方法。通过简支梁桥与无铰拱桥实例计算冲击系数与规范冲击系数的比较，说明了其冲击系数计算方法的合理性；胡振东等（2002）分析了桥梁结构振动对行车舒适性的影响。

盛国刚等（2003）采用模态分析法，计算分析了连续梁桥跨径与车速对主梁冲击系数的影响；同济大学张庆、史家钧等（2003）从时变角度研究了高速车辆与桥梁的耦合振动问题，重点分析了车体质量与车辆速度对桥梁动力响应的影响；同时，他们（2004）系统地分析了车的质量、刚度、阻尼比、车速与桥梁跨度、桥面平整度等参数在车-桥耦合振动中的作用；西南交通大学沈火明与肖新标（2003）通过推导车辆模型作用下简支梁的耦合振动微分方程，采用龙格-库塔法借助 MATLAB 强大的数值计算能力对其进行求解，在保证精度的条件下大大缩短了计算时间，提高了计算效率。

华南理工大学陈炎等（2004）基于欧拉-伯努利梁理论发展了一种车-桥振动模型，并结合动力振型叠加原理与龙格-库塔数值求解技术获得了车-桥的振动响应，发现了共振曲线中的两个共振区域；严志刚等（2004）将车辆的动力性能与桥面平整度对桥梁振动的影响加入外荷载中，简化了计算过程，分析了不同等级桥面平整度对大跨钢管混凝土拱桥的车辆振动的影响。

兰州交通大学丁南宏等(2005)应用时变力学系统的求解方法分析了车辆行驶速度与桥面平整度对连拱拱桥冲击系数的影响,并讨论了拱上结构效应,结果表明现行公路桥梁设计规范中关于冲击系数的规定是偏不安全的;彭献等(2006)推导了安装调质阻尼器(TMD)后的车-桥耦合系统的运动微分方程,研究了匀变速车辆与简谐桥面简支梁桥的振动响应。结果表明车辆加速度、减速度、初速度和质量比对桥梁动力响应影响较大;路面不平整度有可能使桥梁产生共振,对桥梁的影响不可忽略;TMD可明显减小桥梁的共振振幅。韩万水博士(2006)基于分离迭代法,编制了车-桥耦合振动分析程序,对风-车-桥系统耦合动力响应问题进行了系统研究。华中科技大学万信华等(2007)以一座大跨斜拉桥为工程背景,通过现场试验,研究了桥面平整度与车速对桥梁动力响应的影响。浙江大学张鹤等(2008)采用考虑拉索侧向振动的车-桥耦合振动分析方法,研究了路面粗糙度、车速、结构阻尼对车辆轮压荷载、拱肋和主梁的挠度及拉索张力冲击系数的影响。结果表明路面粗糙度对桥梁振动响应影响明显;行车速度对桥梁冲击系数的影响与结构振动卓越周期有关;不同构件、不同截面的冲击系数具有很大的离散性。

近年来,长安大学贺拴海教授与宋一凡教授带领课题组成员对公路桥梁的车-桥耦合振动问题进行了深入系统的研究。周新平、宋一凡等(2009)基于分离迭代法原理,应用通用有限元分析软件 ANSYS 建立车-桥耦合振动响应的有限元迭代模型,研究了车速、离心力与桥面不平整度等对公路曲线梁桥动力响应的影响;施颖、宋一凡等(2010)针对复杂桥梁的车-桥耦合振动问题,提出了采用既有有限元软件 ANSYS 实现公路复杂桥梁车-桥耦合振动的计算方法,并通过数值算例表明该方法经 3 次迭代即可获得较高的精度与可靠的结果,从而为公路复杂桥梁动力性能评价提供了一种方便可靠的数值计算方法;蒋培文、贺拴海等(2011,2013)充分利用大型通用有限元软件 ANSYS,将车辆模型与桥梁模型(梁单元)分别独立建于 ANSYS 软件环境中,根据车轮与桥面接触处位移协调条件与力的平衡关系,通过自编程序实现了车-桥耦合振动分析,并对简支梁与连续梁、连续刚构等连续体系桥梁的车-桥振动问题进行了深入剖析。

长安大学韩万水等(2011)提出了基于有限元模型修正的梁格法车-桥耦合振动的分析思路,用其自己研发的桥梁结构动力分析软件 BDANS 对修正后的一座钢桁架连续梁桥进行了静动力分析,并与现场实测值进行了对比分析,结果表明不同行车工况下桥梁动力计算响应趋势与实测响应趋势保持一致,验证了此方法的合理性;马麟、韩万水等(2012)对实际交通流(随机车流)作用下悬索桥的动力冲击效应进行了研究,建议悬索桥的动力放大系数宜参照英国 BS 5400 规范(1978)或加拿大 OHBDC 规范(1982)的相关规定进行取值;韩万水、马麟等(2013)建立了随机车流-桥梁耦合振动系统精细化分析框架,尽可能多地考虑了桥上通行交通荷载的随机性,使车-桥耦合仿真结果更接近于实际,更具有代表性。

1.3 公路桥梁冲击系数研究现状

车辆过桥对桥梁结构的冲击效应影响因素众多,实际中通过分析计算来求解车辆冲击问题难度较大。在进行桥梁结构设计时,各国工程师均采用“冲击系数”来近似考虑移动车辆荷载对桥梁的冲击作用。汽车荷载的冲击系数通常可表示为:

$$\mu = \frac{Y_{\mathrm{dmax}} - Y_{\mathrm{jmax}}}{Y_{\mathrm{jmax}}} \tag{1.22}$$

式中,Y_{jmax} 为汽车过桥时测得的效应(内力、应力与位移等)时程曲线上,最大静力效应处量取的最大静力效应值,一般对简支梁跨中或连续梁大跨跨中的挠度进行测量;Y_{dmax} 为在效应时程变化曲线上最大静力效应处量取的最大动效应值。

在基于概率的分析方法以及对影响车-桥振动有关参数进行统计等工作还没有解决之前,各国都借助经验公式来近似地计算车辆对桥梁的冲击作用(闫永伦,周建廷,2003)。早期,世界各国桥梁设计规范中冲击系数一般沿用按桥梁跨径 L 的递减函数来表示,以下为几个主要国家冲击系数的计算公式。

(1)美国公路桥梁设计规范 AASHTO(2002,2004)。

$$\mu = \frac{15.24}{38.10 + L} \tag{1.23}$$

(2)英国桥梁规范(BS 5400,1978)。

英国标准协会的 BS 5400 规范中指出公路桥梁冲击系数为 0.25。

(3)德国 DIN 1072 规范。

$$\mu = \begin{cases} 0.4 - 0.08L & (L < 50\mathrm{m}) \\ 0 & (L \geqslant 50\mathrm{m}) \end{cases} \tag{1.24}$$

(4)法国规范(Fascicule special 60-17bis)。

$$\mu = \frac{0.5}{1 + 0.2L} + \frac{0.6}{1 + \dfrac{G}{P}} \tag{1.25}$$

式中,G 为恒载;P 为活载。

（5）日本 1972 年公路桥梁规范。

$$\mu = \begin{cases} \dfrac{20}{50+L} & \text{（钢桥）} \\ \dfrac{10}{50+L} & \text{（预应力混凝土桥）} \\ \dfrac{7}{20+L} & \text{（钢筋混凝土桥）} \end{cases} \tag{1.26}$$

（6）中国 1985 年《公路桥涵设计通用规范》。

钢桥（除吊桥外）：

$$\mu = \frac{15}{37.5+L} \tag{1.27}$$

吊桥：

$$\mu = \frac{50}{70+L} \tag{1.28}$$

钢筋混凝土梁桥：

$$\mu = \begin{cases} 0.3 & (L \leqslant 5\text{m}) \\ 0.3 - \dfrac{0.3(L-5)}{40} & (5\text{m} < L < 45\text{m}) \\ 0 & (L \geqslant 45\text{m}) \end{cases} \tag{1.29}$$

各国规范关于钢筋混凝土公路桥梁的冲击系数对比如图 1.5 所示。可以看出，由于各国交通组成与交通量的差异，计算所得冲击系数相差很大。这说明影响公路桥梁冲击系数的因素十分复杂，仅考虑桥梁跨度 L 并不能全面合理地反映车辆对桥梁的冲击影响。

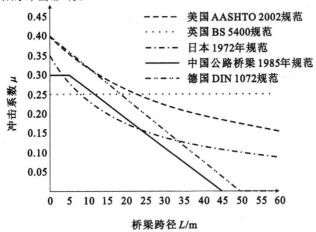

图 1.5　各国公路桥梁规范冲击系数比较

为了更加合理地考虑车辆对桥梁的冲击效应,瑞士材料试验和研究实验室EMPA自1924年起对公路车辆荷载的冲击系数问题开展了广泛深入的试验研究(Cantieni R,1983)。通过对实际桥梁测量数据的整理分析,发现车-桥耦合振动本质上是一种强迫振动现象,车辆与桥梁都是被动激励的系统,使用放大谱(即把冲击系数定义为桥梁固有振动频率的函数)来描述车辆对桥梁的动力冲击效应更为合理。桥梁结构的竖向弯曲基频反映了结构的尺寸、类型、建筑材料等动力特性,不管桥梁的建筑材料、结构类型、结构尺寸与跨径是否有差别,只要结构的基频相同,在同样的汽车荷载作用下就能得到基本相同的冲击系数。

加拿大安大略省的公路桥梁设计规范(OHBDC—1979)率先接受了这一理念,它采用桥梁振动基频来计算冲击系数,1982年又根据新的实测资料作了进一步的修改。中国2004年新颁布实施的《公路桥涵设计通用规范》(JTG D60—2004)中也明确了采用桥梁基频来计算结构冲击系数。

加拿大安大略省的公路桥梁设计规范(OHBDC—1982)规定桥梁冲击系数为:

$$\mu = \begin{cases} 0.2 & (f \leqslant 1.0\,\text{Hz}) \\ 0.0667 + 0.13f & (1.0\,\text{Hz} \leqslant f \leqslant 2.5\,\text{Hz}) \\ 0.4 & (2.5\,\text{Hz} \leqslant f \leqslant 4.5\,\text{Hz}) \\ 0.85 - 0.1f & (4.5\,\text{Hz} \leqslant f\,\text{Hz}6.0\,\text{Hz}) \\ 0.25 & (6.0\,\text{Hz} \leqslant f) \end{cases} \tag{1.30}$$

中国《公路桥涵设计通用规范》(JTG D60—2015)规定桥梁冲击系数为:

$$\mu = \begin{cases} 0.05 & (f < 1.5\,\text{Hz}) \\ 0.176\ln f - 0.0157 & (1.5\,\text{Hz} \leqslant f \leqslant 14\,\text{Hz}) \\ 0.45 & (f > 14\,\text{Hz}) \end{cases} \tag{1.31}$$

比较中国《公路桥涵设计通用规范》(JTG D60—2015)与加拿大的公路桥梁设计规范(OHBDC—1982)的冲击系数(图1.6)可知,两者冲击系数最大值虽然接近,但是其分布规律却截然不同,因此按照桥梁结构基频来计算冲击系数虽然可以更多地考虑桥梁结构自身振动特性的影响,但对于其最关键影响因素还有待开展进一步更深层次的研究。目前,国内外正在进行修改规范冲击系数的研究工作,可以预见,随着分析技术、手段与实验方法的发展与完善,在不久的将来世界各国的冲击系数将能更为合理地反映车-桥耦合振动的实际机理。

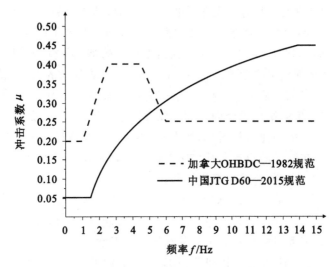

图1.6 中国《公路桥涵设计通用规范》(JTG D60—2015)与加拿大公路
桥梁设计规范(OHBDC—1982)的冲击系数比较

1.4 已有研究存在的主要问题

综上所述,国内外学者与工程技术人员对车-桥耦合振动问题已从计算方法、影响因素与规范冲击系数制定等方面开展了大量的研究工作,并取得了丰富的成果,但已有研究仍主要存在以下三方面的问题与不足。

(1) 车-桥耦合振动分析方法方面。

目前,车-桥耦合振动分析计算大多须建立系统的运动微分方程,通过自编程序实现车辆过桥的动力时程分析,分析求解实现复杂,且不同桥梁结构一般需要编制不同的程序,程序通用性差,不便于工程技术人员掌握与应用。大型通用有限元软件 ANSYS 功能强大,计算结果可靠,操作简便,已被广泛应用于各类桥梁结构的设计分析中,因此,研究一种基于 ANSYS 平台的车-桥耦合振动响应数值分析方法,以实现对任意复杂结构桥梁的车-桥耦合振动分析具有十分重要的理论及应用价值。

(2) 复杂桥梁结构车-桥耦合振动分析方面。

现有的公路桥梁车-桥耦合振动研究成果大都仅考虑单车或多辆车作用下简单桥梁结构(简支梁或连续梁)的车桥动力相互作用问题,对实际交通荷载作用下复杂桥梁结构(双层钢桥)的车-桥耦合振动研究涉及较少。随着车-桥耦合振动研究的深入,开展车流作用下复杂桥梁的车-桥动力相互作用研究很有必要。

(3)规范冲击系数方面。

车-桥耦合振动影响因素众多,包括车辆与桥梁结构的自振频率、车-桥系统的阻尼、桥面不平整度、车辆横向位置与车辆行驶速度等,而目前各国规范仅采用结构基频的一个参数来定义冲击系数,显然不能全面、合理地反映车辆对桥梁的真实冲击效应,且已有研究成果表明现行规范对于桥梁冲击系数的取值是偏不安全的。因此,开展多因素综合作用下桥梁结构冲击系数的研究,对于完善桥梁结构设计理论,控制车-桥耦合振动影响指标,确保桥梁结构安全与桥上车辆行驶安全等方面,均具有重要的实际意义。

1.5 研究背景及意义

随着中国经济与社会的高速发展,对与其配套的道路交通基础设施建设需求快速增加,与此同时,限制公路桥梁建设的因素也日趋多样化与复杂化,为此大量新型桥梁结构形式与桥梁施工新技术不断涌现。例如受地理位置及征地面积等因素的限制,双层钢桁梁桥结构方案常成为主选方案,且为了适应公路交通流量的需要,传统的公铁两用钢桁梁桥已经由原来的两片主桁发展到三片主桁的结构形式,如武汉天兴洲长江大桥(公铁两用双塔三索面斜拉桥,主跨504m,图1.7)、东莞东江大桥(三桁刚性悬索加劲钢桁梁桥,主跨208m,图1.8)(高宗全,2007;刘永健,刘剑等,2010;刘永健,刘世忠等,2011)。后者是我国第一座双层公路桥,上层为莞深高速公路,双向六车道加紧急停车带,下层为北五环路城市快车道,双向八车道,共计14个车道。双层钢桁梁桥占地面积小,可以充分发挥桥位之利,双层桥面共用主体结构,减少了基础工程,通行能力大,能有效地缓解交通压力。可以预见,随着交通流量的日益增加及可征地面积的逐步减少,双层桥将会成为我国公路钢桥的一种发展方向(刘永健等,2012;朱静,2011)。

双层钢桁梁桥杆件众多,整体结构空间性强,而且由于上、下双层桥面,车道数量多,车辆荷载的随机性大,使得运营阶段桥梁上、下层各杆件动力响应复杂,动力耦合效应也更为明显。在长期运营后,持续变差的桥面将加剧行驶车辆自身的振动,其作用于桥梁会使桥梁结构产生更大的动力响应,影响行车的安全性与舒适性,更为严重的还将影响行车安全;同时,由于杆件应力幅的增加,会影响结构的抗疲劳性能,降低结构的安全储备和使用寿命。再者,随着交通量的日益

图 1.7　武汉天兴洲长江大桥

图 1.8　东莞东江大桥

增长,重车及超重车的出现,行车速度的加快,桥梁结构的安全性及使用寿命都将面临更为严峻的挑战,已成为桥梁设计与运营阶段必须加以考虑与解决的问题。

目前,关于公路桥梁车-桥耦合振动响应的研究成果大多局限于一种或几种车辆模型作用下简单桥梁结构的动力响应分析,对于车流(综合考虑车型、车重、车速及车距等参数)作用下复杂空间桥梁结构(双层公路桥)车-桥耦合振动的研究涉及不多。一般来说,车辆对桥梁的冲击效应与桥梁自振频率、车辆自振频率、桥面粗糙度、车-桥整体系统的阻尼、车辆横向位置和车辆行驶速度等许多因素有关,而我国目前的公路桥梁设计规范只采用结构基频一个参数来计算桥梁冲击系数,忽略了其余因素的影响,且已有研究成果表明现行规范对于桥梁冲击系数的取值是偏不安全的(《公路桥涵设计通用规范》,2015;朱劲松,邑强,2012;吴启宏,1991)。通过对双层公路钢桁梁桥车-桥耦合振动分析方法及其影响的研究,可在设计阶段就引入车-桥耦合振动研究成果,完善桥梁结构设计理论,控制车-桥耦合振动影响相关指标,从而保证桥梁结构的安全可靠与桥上车辆行驶的稳定舒适,降低车内货物的损坏程度,促进双层公路钢桥的推广与应用,从而实现桥梁结构的可持续健康发展,更好地为国民经济服务。因此,开展双层公路钢桁梁桥车-桥耦合振动及其影响的分析研究具有十分重要的理论价值与工程现实意义。

1.6 主要研究内容

本书对双层公路钢桁梁桥的车-桥耦合振动问题进行了研究,所做的主要工作具体如下。

(1)在查阅与研读大量期刊与著作文献资料后,系统归纳总结车-桥耦合振动前人研究方法与成果,结合双层公路钢桥的受力特点,提出了本书的研究目的与研究意义。

(2)分析研究车-桥耦合振动问题的常见数值计算方法及目前基于 ANSYS 软件的车-桥简化模型计算方法。结合分离迭代法原理与车辆动力学理论,提出一种基于 ANSYS 平台的公路桥梁车-桥耦合振动响应数值分析方法,以实现任意结构形式桥梁在车辆(车流)作用下的车-桥耦合振动分析,并通过与相关文献算例结果的对比及实桥试验验证方法的正确性与可靠性。

(3)为了更加深入系统地开展公路桥梁车-桥耦合振动问题的研究,基于本书提出的车-桥耦合数值算法,采用 UIDL 与 APDL 语言联合编程,依托 ANSYS 软件环境开发了公路桥梁车-桥耦合振动响应分析模块 VBCVA(vehicle-bridge coupled vibration analysis)。该模块采用图形用户界面(GUI)方式接收用户的输入,操作简便直观,且只需输入桥梁模型、车道信息(车道中心起始位置、车道方向、车道速度、桥面不平整度等级等参数)与车辆(车流)信息(车辆类型、所属车道、车重、车轮阻尼刚度、悬架阻尼刚度等参数),即可计算出任意结构体系桥梁各位置的挠度冲击系数及其时程响应与各杆件的轴力、弯矩、扭矩等内力冲击系数及其时程变化响应。

(4) 以一座双层公路钢桁梁桥——东江大桥为工程背景,利用大型通用有限元软件 ANSYS,采用空间梁单元 Beam188(主桁杆件、纵梁和横梁)与板单元 Shell63(桥面板)建立其三维有限元模型,对其动力特性(自振频率与振型)进行分析计算,并通过与实桥动载试验测试结果的对比,验证有限元模型的精度与可靠性,为进一步开展双层桥车-桥振动分析提供有限元模型基准。

(5) 以东江大桥为工程依托,设计了一座跨度为 112m 的双层简支钢桁梁桥,应用已开发的车-桥耦合振动分析模块 VBCVA,对该双层简支钢桁梁桥的车-桥耦合振动响应问题进行了计算分析。分别以单双层加载模式、车辆数量、车辆速度、车辆质量、桥面不平整度等级、桥梁阻尼比等为独立影响参数,计算分析了双层公路钢桁梁桥主要控制位置处各杆件(弦杆、腹杆轴力与横梁扭矩)内力与节点挠度的时程变化曲线,并给出了相应的动力放大系数随各参数的变化规律曲线图,分析总结了以上各参数对双层公路钢桁梁桥车-桥耦合振动的影响规律。

2 公路桥梁车-桥耦合振动数值分析方法

本章阐述了公路桥梁车-桥耦合振动响应常见数值分析方法,总结评述了各种方法的优缺点及适用范围。基于 ANSYS 软件瞬态动力学求解功能,介绍了几种简化车-桥振动模型的 ANSYS 实现方法与关键技术,在此基础上结合分离法原理与车辆动力学理论,提出了基于 ANSYS 平台的车-桥耦合振动分析方法,并且在多种车辆行驶工况下与参考文献计算结果进行了对比验证。

2.1 车-桥耦合振动常见数值解法

求解车-桥耦合振动的数值方法主要有时域法和频域法。频域法仅适用于等截面或近似等截面的桥梁,且要求桥梁结构的振动方程能用解析形式表达,因而大大限制了其使用范围,同时由于车-桥耦合系统的时变性,目前时域方法被广泛应用于车-桥耦合动力分析(李小珍,强坤,2002)。车-桥耦合振动分析时域法大体可以分为以下两大类:一类是把车辆与桥梁作为一个整体系统,将车辆与桥梁的所有自由度耦联,建立统一的运动控制方程组,采用直接积分法进行同步求解;另一类是基于分离法,将车-桥系统以车轮与桥面接触点为界分为车辆与桥梁两个子系统,分别建立车辆与桥梁的运动方程,两者之间通过轮桥接触处的位移协调条件与相互作用力的平衡关系相联系,采用迭代法求解系统响应(刘永健,刘世忠等,2012)。

考虑车辆实际行驶时,其前轴和后轴之间存在着耦合振动,该影响是不可忽略的。半车辆模型不仅可以很好地考虑前后轴之间的耦合关系,比较真实地反映出车辆的振动规律,而且系统自由度也不多,计算简便。因此,以下以双轴半车通过简支梁桥为例,分别介绍这两类方法的具体实现过程。

2.1.1　车-桥系统自由度耦联直接积分法

（1）分析模型。

图 2.1 为半车辆模型作用下简支梁车-桥振动模型。简支梁采用仅考虑弯曲变形的 Euler 梁模型，梁跨度为 l，抗弯刚度为 EI，单位长度质量为 m，不考虑梁转动惯量与阻尼影响。分别将车身与车轴视为质量刚体，各刚体相互之间采用带阻尼的弹簧进行连接，半车辆模型简化为两系弹簧-阻尼-质量系统。

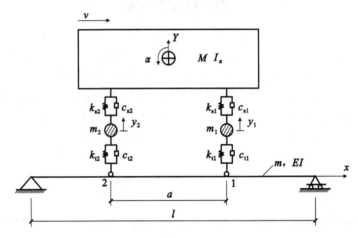

图 2.1　半车辆模型作用下的简支梁桥

M—车体质量；Y—车体的竖向位移；α—车体绕横轴的转角位移；

m_1、m_2—前、后悬挂系统质量与轮对质量之和；y_1、y_2—前后轮对的竖向位移；

k_{si}、$k_{ti}(i=1,2)$—上、下层悬挂系统垂向刚度系数；

c_{si}、$c_{ti}(i=1,2)$—上、下层悬挂系统垂向阻尼系数；a—车体前后轴之间距离；

I_a—车体绕横轴的转动惯量；v—车辆通过桥梁时的速度

根据 Euler-Bernoulli 梁假设，简支梁的运动微分方程为：

$$EI\frac{\partial^4 w(x,t)}{\partial x^4} + m\frac{\partial^2 w(x,t)}{\partial t^2} = \sum_{i=1}^{2} p_i\delta_i \qquad (2.1)$$

利用分离变量法，桥梁挠度可设为 $w(x,t) = \sum_{n=1}^{N} X_n(x)T_n(t)$，根据简支梁边界条件可设 $X_n(x) = \sin\frac{n\pi x}{l}$，并令 $w_n^2 = \frac{n^4\pi^4 EI}{ml^4}$，考虑振型的正交特性，则桥梁系统的振动微分方程可写为：

$$\frac{\mathrm{d}^2 T_n(t)}{\mathrm{d}t^2} + \omega_n^2 T_n(t) = \frac{2p_1(t)}{ml}\sin\frac{n\pi vt}{l}\delta_1(t) + \frac{2p_2(t)}{ml}\sin\frac{n\pi(vt-a)}{l}\delta_2(t)$$

$$(2.2)$$

式中：

$$\delta_1(t) = \begin{cases} 1 & \left(0 \leqslant t \leqslant \dfrac{l}{v}\right) \\ 0 & (\text{其他}) \end{cases} \qquad \delta_2(t) = \begin{cases} 1 & \left(\dfrac{a}{v} \leqslant t \leqslant \dfrac{l+a}{v}\right) \\ 0 & (\text{其他}) \end{cases}$$

对车辆进行受力分析可得：

$$p_1(t) = m_1 g + \frac{M}{2} g + m_1 \ddot{y}_1 + \frac{M}{2} \ddot{Y} + \frac{I_a}{a} \ddot{\alpha} \qquad (2.3)$$

$$p_2(t) = m_2 g + \frac{M}{2} g + m_2 \ddot{y}_2 + \frac{M}{2} \ddot{Y} + \frac{I_a}{a} \ddot{\alpha} \qquad (2.4)$$

对轮对进行受力分析，可以得到：

$$m_1 \ddot{y}_1 + c_{t1}(\dot{y}_1 + \dot{w}_1) + k_{t1}(y_1 + w_1) + c_{s1}\left(\dot{y}_1 - \dot{Y} - \frac{a}{2}\dot{\alpha}\right) +$$

$$k_{s1}\left(y_1 - Y + \frac{a}{2}\alpha\right) = 0 \qquad (2.5)$$

$$m_2 \ddot{y}_2 + c_{t2}(\dot{y}_2 + \dot{w}_2) + k_{t2}(y_2 + w_2) + c_{s2}\left(\dot{y}_2 - \dot{Y} + \frac{a}{2}\dot{\alpha}\right) +$$

$$k_{s2}\left(y_2 - Y + \frac{a}{2}\alpha\right) = 0 \qquad (2.6)$$

其中：$w_1 = \sum\limits_{n=1}^{N} X_n(vt) T_n(t), w_2 = \sum\limits_{n=1}^{N} X_n(vt-a) T_n(t)$。

对车体进行受力分析得：

$$M\ddot{Y} + c_{s1}\left(\dot{Y} + \frac{a}{2}\dot{\theta} - \dot{y}_1\right) + k_{s1}\left(Y + \frac{a}{2}\theta - y_1\right) + c_{s2}\left(\dot{Y} - \frac{a}{2}\dot{\theta} - \dot{y}_2\right) +$$

$$k_{s2}\left(Y - \frac{a}{2}\theta - y_2\right) = 0 \qquad (2.7)$$

$$I_a\ddot{\alpha} + \frac{a}{2}\left[c_{s1}\left(\dot{Y} + \frac{a}{2}\dot{\alpha} - \dot{y}_1\right) + k_{s1}\left(Y + \frac{a}{2}\alpha - y_1\right)\right] - \frac{a}{2}\left[c_{s2}\left(\dot{Y} - \frac{a}{2}\dot{\alpha} - \dot{y}_2\right) +$$

$$k_{s2}\left(Y - \frac{a}{2}\alpha - y_2\right)\right] = 0 \qquad (2.8)$$

（2）求解原理。

将式（2.2）～式（2.8）联立，便可得到车-桥系统自由度耦联的运动微分方程组，由于车-桥系统的时变性，该微分方程组的解析求解过程十分困难，通常采用直接积分法对其进行数值求解可得简支梁车辆过桥的动力时程响应。

2.1.2　分离迭代法

以车轮与桥面接触点为界，将车-桥耦合系统分为车辆与桥梁两个子体系，分别建立两个子系统的运动方程,并通过车轮与桥面接触点处的位移协调条件与力的平衡关系相联系,采用迭代法求解系统响应。

(1)车辆模型及其运动方程。

图 2.2 为两系弹簧-阻尼-质量系统的 4 个自由度半车简化模型,分别将车身、悬架及车轮视为刚体,刚体之间通过弹性与阻尼元件相连接。

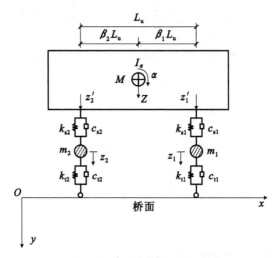

图 2.2 4 个自由度半车简化模型

M—车体质量;I_a—车体绕横轴的转动惯量;Z—车体的竖向位移;a—车体绕横轴的转角位移;
L_u—车体前后轴之间距离;m_1、m_2—前、后悬挂系统质量与轮对质量之和;
z_1、z_2—前、后轮对的竖向位移;k_{si}、$k_{ti}(i=1,2)$—上、下层前后悬挂系统垂向刚度系数;
c_{si}、c_{ti}—上、下层前后悬挂系垂向阻尼系数;z_1'、z_2'—支承车体点的自由度(竖向位移);
β_1、$\beta_2(i=1,2)$—前、后轴至车辆重心距离与车辆轴距之比。

按图 2.2 中所示坐标系定义,取车辆系统弹簧的自然平衡位置为坐标起点,y 为车轮和桥面接触点处的位移。

由车体位移几何关系可得:

$$\begin{cases} Z = \beta_1 z_2' + \beta_2 z_1' \\ \alpha = (z_1' - z_2')/L_u \end{cases} \tag{2.9}$$

则待求的车辆位移向量为 $\mathbf{Z_v} = (z_1, z_2, z_1', z_2')^{\mathrm{T}}$。

车辆模型所承受的力包括重力(Mg、$m_i g$)、惯性力($M\ddot{z}$、$I_a\ddot{\alpha}$、$m_i\ddot{z}_i$)、下层悬挂系轮胎力 F_{ti} 和上层悬挂系悬置力 F_{si}。对悬挂系统进行受力分析得

$$\begin{cases} F_{si} = k_{si}(z_i' - z_i) + c_{si}(\dot{z}_i' - \dot{z}_i) \\ F_{ti} = k_{ti}(z_i - y_i) + c_{ti}(\dot{z}_i - \dot{y}_i) \end{cases} \tag{2.10}$$

式中，y_i、$\dot{y}_i$ 分别为车辆前、后轮与桥梁接触位置处桥梁位移与速度。

由广义虚功原理可得：

$$\delta W_v = \sum_{i=1}^{2} m_i g \delta z_i + Mg\delta Z - \sum_{i=1}^{2} m_i \ddot{z}_i \delta z_i - M\ddot{z}\delta Z - I_a \ddot{\alpha}\delta\alpha -$$

$$\sum_{i=1}^{2} F_{si}\delta(z_i' - z_i) - \sum_{i=1}^{2} F_{ti}\delta(z_i - y_i) = 0 \qquad (2.11)$$

将式（2.9）与式（2.10）代入式（2.11）中，可得：

$$m_1 g\delta z_1 + m_2 g\delta z_2 + Mg\beta_1 z_2' + Mg\beta_1 z_1' - m_1 \ddot{z}_1 \delta z_1 - m_2 \ddot{z}_2 \delta z_2 -$$

$$M\beta_1(\beta_1 \ddot{z}_2' + \beta_2 \ddot{z}_1')\delta z_2' - M\beta_2(\beta_1 \ddot{z}_2' + \beta_2 \ddot{z}_1')\delta z_1' - I_a(\ddot{z}_1' - \ddot{z}_2')/L_u^2 \delta z_1' +$$

$$I_a(\ddot{z}_1' - \ddot{z}_2')/L_u^2 \delta z_2' - \sum_{i=1}^{2}[k_{si}(z_i' - z_i) + c_{si}(\dot{z}_i' - \dot{z}_i)\delta z_i'] +$$

$$\sum_{i=1}^{2}[k_{si}(z_i' - z_i) + c_{si}(\dot{z}_i' - \dot{z}_i)\delta z_i] - \sum_{i=1}^{2}[k_{ti}(z_i - y_i) + c_{ti}(\dot{z}_i - \dot{y}_i)\delta z_i] +$$

$$\sum_{i=1}^{2}[k_{ti}(z_i - y_i) + c_{ti}(\dot{z}_i - \dot{y}_i)\delta y_i] = 0 \qquad (2.12)$$

式中，δz_i、$\delta z_i'(i=1,2)$ 为车体与车轮的广义虚位移；δy_i 为桥梁结构的广义虚位移，其值相对车辆假设为零。式（2.12）有解需要满足的条件为：与广义虚位移相对应的系数项为零，将式（2.12）移项并加以整理成矩阵的形式为：

$$\boldsymbol{M}_v \ddot{\boldsymbol{Z}}_v + \boldsymbol{C}_v \dot{\boldsymbol{Z}} + \boldsymbol{K}_v \boldsymbol{Z}_v = \boldsymbol{G}_v + \boldsymbol{F}_{vb} \qquad (2.13)$$

$$\boldsymbol{M}_v = \begin{bmatrix} m_1 & 0 & 0 & 0 \\ 0 & m_2 & 0 & 0 \\ 0 & 0 & M\beta_2^2 + I_a/L_u^2 & M\beta_1\beta_2 - I_a/L_u^2 \\ 0 & 0 & M\beta_1\beta_2 - I_a/L_u^2 & M\beta_1^2 + I_a/L_u^2 \end{bmatrix}$$

$$\boldsymbol{C}_v = \begin{bmatrix} c_{s1} + c_{t1} & 0 & -c_{s1} & 0 \\ 0 & c_{s2} + c_{t2} & 0 & -c_{s2} \\ -c_{s1} & 0 & c_{s1} & 0 \\ 0 & -c_{s2} & 0 & c_{s2} \end{bmatrix}$$

$$\boldsymbol{K}_v = \begin{bmatrix} k_{s1} + k_{t1} & 0 & -k_{s1} & 0 \\ 0 & k_{s2} + k_{t2} & 0 & -k_{s2} \\ -k_{s1} & 0 & k_{s1} & 0 \\ 0 & -k_{s2} & 0 & k_{s2} \end{bmatrix}$$

$$\boldsymbol{F}_{vb} = (k_{t1}y_1 + c_{t1}\dot{y}_1, k_{t2}y_2 + c_{t2}\dot{y}_2, 0, 0)^T$$

$$\boldsymbol{G}_v = (m_1 g, m_2 g, Mg\beta_2, Mg\beta_1)^T$$

式中，M_v 为车辆质量矩阵；C_v 为车辆阻尼矩阵；K_v 为车辆刚度矩阵；G_v 为车辆重力荷载向量；F_{vb} 为车与桥接触处的瞬时耦合力向量。

（2）桥梁结构运动方程。

车-桥相互作用分析中桥梁结构形式是多种多样的，涵盖了梁桥、拱桥、刚构桥、斜拉桥、悬索桥等全部桥型。在研究桥梁与车辆耦合振动问题时，一般采用有限元的方法将桥梁离散成空间梁单元模型。

① 桥梁的质量、刚度和阻尼沿桥跨方向均匀分布；

② 不计支座及桩土相互作用影响；

③ 不考虑梁截面变形的影响。

根据有限单元理论可知，桥梁结构的运动方程可统一写为：

$$M_b\ddot{Y}_b + C_b\dot{Y}_b + K_bY_b = F_{bg} + F_{bv} \tag{2.14}$$

式中，M_b 为桥梁质量矩阵；C_b 为桥梁阻尼矩阵；K_b 为桥梁刚度矩阵；$\ddot{Y}_b$、$\dot{Y}_b$、Y_b 分别为桥梁节点的加速度、速度和位移向量；F_{bg} 为作用于桥梁上与车-桥耦合无关的荷载列向量；F_{bv} 为作用于桥梁节点上的车轮力列向量，与 F_{vb} 互为作用力与反作用力。

阻尼产生的机理非常复杂，它与结构周围介质的黏性、结构本身的黏性、内摩擦耗能、地基土的能量耗散等有关（陈玲莉，2006；王新敏，2007）。为了便于计算，通常桥梁结构采用瑞利阻尼（假设阻尼矩阵是关于质量矩阵和刚度矩阵的线性组合），即：

$$C_b = \alpha M_b + \beta K_b \tag{2.15}$$

式中，α 为 Alpha 阻尼，也称为质量阻尼系数；β 为 Beta 阻尼，也称为刚度阻尼系数。这两个阻尼系数可以通过振型阻尼比计算得到，即：

$$\begin{cases} \alpha = \dfrac{2\omega_i\omega_j(\xi_i\omega_j - \xi_j\omega_i)}{\omega_j^2 - \omega_i^2} \\ \beta = \dfrac{2(\xi_j\omega_j - \xi_i\omega_i)}{\omega_j^2 - \omega_i^2} \end{cases} \tag{2.16}$$

式中，ω_i、ω_j 分别为桥梁的第 i 阶和第 j 阶固有频率；ξ_i、ξ_j 分别为相应于桥梁的第 i 阶和第 j 阶振型的阻尼比。

在结构的动力分析中，桥梁结构的阻尼比通常由试验测定。当无实测资料时，《公路桥梁抗震设计细则》(JTG/T B02-01—2008)建议混凝土结构的阻尼比取 5%，而钢结构的阻尼比一般比钢筋混凝土结构低，通常取 3%。由于缆索承重桥比普通桥梁结构更复杂，其阻尼较难确定，各国规范也没有给出阻尼比的参考值，实测资料表明其实测阻尼比大部分在 0.5%～1.5% 范围内。

（3）车-桥耦合关系。

车辆与桥梁两个子体系通过车轮与桥面接触点处的位移协调条件与力的平衡关系相联系。

① 位移耦合。

车辆在桥梁上行驶过程中，假定车轮和桥面始终接触而无跳起，车-桥系统中轮对位移就可由桥上对应接触点的位移表示，其位移联系方程为：

$$\Delta_i = z_i - (-r_i) - y_i \tag{2.17}$$

$$\dot{\Delta}_i = \dot{z}_i - (-r_i'\dot{x}) - y_i'\dot{x}\dot{y}_i = \dot{z}_i - (-r_i'v) - y_i'v - y_i \tag{2.18}$$

式中，Δ_i、$\dot{\Delta}_i$ 分别为第 i 个车轴轮胎与桥面间竖向位移与速度的联系（用来计算车桥作用力）；r_i 为第 i 个车轮处的桥面平整度；$r_i' = \dfrac{\mathrm{d}r_i}{\mathrm{d}x}$；$y_i$ 为第 i 个车轮作用位置处桥梁的瞬时位移；y_i' 为第 i 个车轮作用位置处桥梁瞬时转角；$\dot{y}_i$ 为第 i 个车轮作用位置处桥梁的瞬时速度；v 为车辆速度。

② 力学耦合。

车-桥系统中，车辆与桥梁两个独立子体系之间的耦合关联作用是通过轮桥接触点的相互作用力相联系。两者之间的相互作用力可表示为：

$$F_{ti} = k_{ti}\Delta_i + c_{ti}\dot{\Delta}_i \tag{2.19}$$

式中，F_{ti} 为第 i 个车轴轮胎的竖向车-桥接触力。

（4）求解原理。

迭代法是求解车-桥相互作用问题的一种高效方法，该方法分别求解车辆与桥梁结构的振动微分方程，通过彼此接触点的相互作用力耦合在一起（Green M F，Cebon D，1997；Hwang E S，Nowak A S，1991）。迭代法计算求解过程具体为：首先在每一瞬时分别求解车辆和桥梁的振动微分方程，依据车轮与桥面密贴接触的假设，提取车轮作用位置处桥梁位移响应，将其作为新的车辆激励代入车辆运动微分方程，求解得到新的车-桥接触力；然后将所得接触力作为外荷载代入桥梁结构的运动微分方程，求解得到新的接触点位移；如此循环迭代直至最终得到比较精确的解答。笔者结合分离迭代法求解计算原理与 ANSYS 瞬态动力学分析功能（李小珍，强士中，2002），采用 APDL 语言进行参数化编程，实现了单辆车与多辆车过桥的车-桥耦合振动响应分析，并在多种行驶工况下，通过与参考文献计算结果的对比，验证了此方法的正确性与精度，其计算流程（刘永健，刘世忠等，2012）如图 2.3 所示。

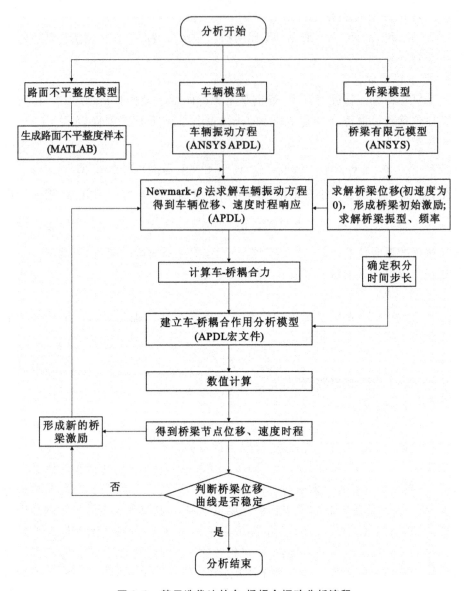

图 2.3 基于迭代法的车-桥耦合振动分析流程

2.1.3 两种方法优缺点及适用范围

车-桥系统自由度耦联直接积分法精度高,不需要迭代计算,求解效率较高,但车-桥系统振动微分方程的推导十分复杂,不适用于复杂桥梁结构的车-桥耦合振动分析。分离迭代法概念明确,耦合作用机理明了,求解思路清晰,通用性强,便于计算程序的编制,且可以求解线性与非线性车桥系统的振动问题,同时还可以方便地直接利用某种成熟商业软件进行求解,目前已被国内外学者与工程技术人员广泛采用,并基于此开发了许多专业车-桥耦合振动分析程序。但分离迭代法需迭代计算,求解过程计算量大,特别是车列(车流)作用下,计算收敛慢,只有当所有车桥接触点的接触力都收敛后,迭代过程才能结束。

2.2　ANSYS 简化车-桥振动模型实现方法

近年来,随着计算机技术的快速发展,将理论与计算机软件相结合的数值仿真法已经成为众多科学研究的主流方法。大型通用有限元软件 ANSYS 功能强大,计算结果准确,已被广泛应用于桥梁、隧道、道路与建筑等土木结构领域的计算与分析中(王金龙,2011;赖永标,胡仁喜,黄书珍,2007;罗永会,黄书珍,2011)。

2.2.1　ANSYS 瞬态动力学分析方法

ANSYS 瞬态动力学分析(亦称时间历程分析)是用于确定承受任意随时间变化载荷结构动力响应的一种方法,可以用瞬态动力学分析确定结构在稳态载荷、瞬态载荷与简谐载荷的随意组合作用下的随时间变化的位移、应变、应力及内力。载荷和时间的相关性使得惯性力和阻尼作用比较重要,如果惯性力和阻尼作用不重要,就可以用静力学分析代替瞬态动力学分析(王金龙,2011;赖永标等,2017)。

ANSYS 瞬态动力学的基本运动方程为:

$$M\ddot{u} + C\dot{u} + Ku = F(t) \tag{2.20}$$

式中,M 为结构质量矩阵;C 为结构阻尼矩阵;K 为结构刚度矩阵;u、$\dot{u}$、$\ddot{u}$ 分别为结构位移、速度和加速度向量;$F(t)$ 为结构所受荷载向量。

ANSYS 瞬态动力学分析可以采用三种方法:完全法(full method)、缩减法(reduced method)和模态叠加法(mode superposition method)。

(1) 完全法。

完全法采用完整的系统矩阵计算结构的瞬态响应(没有矩阵的缩减),可以考虑各种非线性特性(如塑性、大变形、大应变等),在三种方法中功能最强。其特点是:容易使用,不必关心如何选取主自由度或振型;可以考虑各种类型的非线性特性;使用完整的系统矩阵,因此不涉及质量矩阵近似;一次分析求解就能得到所有的位移与应力等响应;允许施加各种类型的荷载,如节点力、外加的(非零)位移约束和单元压力、温度荷载等,也可以通过 TABLE(表)数组参数指定表边界条件;可以在几何实体模型上施加荷载;完全法的主要缺点是其计算开销较其他方法大。

(2)缩减法。

为了减少计算开销,通过采用主自由度与缩减矩阵来压缩问题的规模,即缩减法。主自由度处的位移被计算出来后,再将解扩展到初始原有的完整自由度集上。其特点是:比完全法计算速度快且花费小;初始解只计算主自由度上的位移,要得到完整空间上的位移、应力与力的解,需要执行求解扩展处理;不能施加单元荷载(压力、温度等),但可以施加加速度;所有荷载必须施加在主自由度上(即不能施加在几何模型上),这限制了采用几何模型进行加载的荷载施加方式;整个瞬态动力分析过程中时间步长必须保持恒定,不能采用自动时间步长;唯一可以考虑的非线性是简单的点点接触(间隙条件)。

(3)模态叠加法。

模态叠加法是通过对模态分析获得的结构振型(特征值)乘以因子并求和来计算结构的响应。其特点是:一般情况下它比缩减法和完全法计算速度快且花费更小;可以通过 LVSCALE 命令将模态分析中施加的单元荷载引入瞬态动力分析中;允许考虑振型阻尼(阻尼系数为频率的函数);整个瞬态分析过程中时间步长必须保持恒定,不能采用自动时间步长;唯一可以考虑的非线性是点点接触(间隙条件);不能施加强制非零位移约束;不能用于分析未固定或不连续结构。

2.2.2　ANSYS 瞬态动力分析关键问题

ANSYS 瞬态动力分析的几个关键问题主要包括时间积分步长的选取、自动时间步长设置、荷载步设置、初始条件及其施加方法等,下面分别加以具体介绍。

(1)时间积分步长的选取。

时间积分步长(Δt)的大小不仅影响计算效率,而且会影响瞬态动力分析求解的精度和收敛性。时间积分步长(Δt)越小,求解精度越高。太大的时间积分步长会影响较高阶模态的响应,太小的时间积分步长将增加计算分析的费用。最优的时间积分步长应以下列四个准则作为参考。

① Δt 与结构响应频率。

结构的动力响应可以看作各阶模态响应的组合,时间积分步长 Δt 应小到能够解出对结构整体响应有贡献的最高阶模态。设 f 为结构响应的最高阶频率,

则时间积分步长 Δt 一般应取为：

$$\Delta t = \frac{1}{20f} \tag{2.21}$$

要得到加速度结果，可能要求更小的 Δt 值。

② Δt 与荷载的变化。

结构响应总是倾向于滞后所施加的荷载，特别是阶跃荷载。阶跃荷载在发生阶跃的时间点附近需要采用较小的 Δt 以精确地描述荷载的变化。要描述阶跃荷载，Δt 应取 $1/(180f)$ 左右。

③ Δt 与接触。

在涉及接触或碰撞等问题时，Δt 应小到足以捕捉到两接触表面之间动量的传递，否则将发生能量损失，导致碰撞的非完全弹性。一般 Δt 可以按照下式确定：

$$f_c = \frac{\sqrt{k/m}}{2\pi}; \quad \Delta t = \frac{1}{Nf_c} \tag{2.22}$$

式中，k 为间隙刚度；m 为作用在间隙上的有效质量；N 为每周的点数。

④ Δt 与弹性波。

如对弹性波传播效果感兴趣，则 Δt 应小到当波在单元之间传播时足以捕捉到波动效应，一般 Δt 应满足：

$$\Delta t \leqslant \frac{\Delta x}{3c} \tag{2.23}$$

式中，Δx 为单元长度近似值；c 为波速。

当采用合适的准则计算出 Δt 后，在分析时应采用最小的步长值。可以采用自动时间步长，让 ANSYS 程序决定在求解中何时增大或减小时间步长。同时，应避免使用过小的时间步长（Δt 一般不小于 10^{-10} 数量级），特别是建立初始条件时，因为过小的数值可能引起数值计算困难。

（2）自动时间步长设置。

自动时间步长（AUTO,ON）按响应频率和非线性效果自动调整求解期间的积分时间步长，可以减少子步数，节省计算花费。如果存在非线性，自动时间步长还会适当地增加荷载并在达不到收敛时回溯到先前收敛的解（采用二分法）。

需要注意的是，在用缩减法和模态叠加法的瞬态动力分析中不能使用自动时间步长。

（3）荷载步设置。

在瞬态动力分析中荷载随时间变化（荷载是时间的函数），必须将荷载-时间关系划分为合适的荷载步。荷载-时间曲线上的每一个"折点"(阶跃荷载不同)对应一个荷载步。图2.4为荷载-时间关系曲线中荷载步划分示意图,图中每个数字表示一个荷载步。

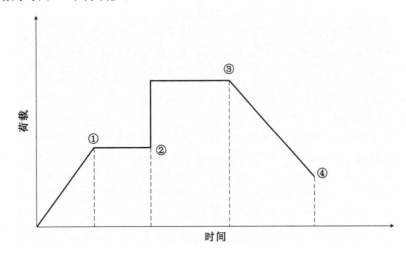

图 2.4　荷载步划分示意图

第一个荷载步通常被用来建立初始条件,然后为第二个和后续瞬态荷载步施加荷载并设置荷载选项。对于每一个荷载步,都要指定荷载值和时间值,同时指定其他的荷载步选项,如采用阶跃加载还是斜坡加载方式、是否采用自动时间步长等。

(4) 初始条件及其施加方法。

式(2.20)的求解需要两个初始条件,即初始位移与初始速度。缺省情况下,假定初始位移和初始速度均为零。初始加速度一般为零,但可以采用在一个小的时间间隔内施加合适的加速度荷载来指定非零的初始加速度。初始条件有多种组合,现分述如下:

① 零初始位移与零初始速度。

这是缺省设置情况,不需要定义任何条件。在第一个荷载步中可以加上对应于荷载-时间关系曲线的第一个拐角处的荷载。

② 非零初始位移和(或)非零初始速度。

使用命令 IC 施加即可,且 IC 命令定义的初始条件只能在第一个荷载步施加。但需要注意不要定义矛盾的初始条件,如在某单一自由度处定义了初始速度,而在所有其他自由度处的初始速度设为 0,就会产生冲突的初始条件。一般情况下需要在模型的每个未约束自由度处定义初始条件。

③ 零初始位移与非零初始速度。

非零初始速度可以通过对结构中需指定速度部分加上小时间间隔上的小位移来实现。例如,如果初始速度为 0.25,可以通过在时间间隔 0.004 内加上 0.001 的位移实现,命令流如下:

TIMINT,OFF	! 关闭时间积分(瞬态)效应(实质是进行静力分析)
D,ALL,UY,0.001	! 施加较小的位移
TIME,0.004	! 时间间隔,速度为 0.001/0.004＝0.25
LSWRITE,1	! 写入荷载步文件
DDEL,ALL,UY	! 删除施加的位移约束
TIMINT,ON	! 打开瞬态效应

④ 非零初始位移与非零初始速度。

与③类似,不过施加的位移是真实位移数值。例如,假设初始位移为 1.0 与初始速度为 2.5,则可以在时间间隔 0.4 内施加 1.0 的位移,命令流如下:

TIMINT,OFF	! 关闭时间积分(瞬态)效应(实质是进行静力分析)
D,ALL,UY,1.0	! 施加真实初始位移 1.0
TIME,0.4	! 时间间隔,初始速度为 1.0/0.4＝2.5
LSWRITE,1	! 写入荷载步文件
DDEL,ALL,UY	! 删除施加的位移约束
TIMINT,ON	! 打开瞬态效应

⑤ 非零初始位移和零初始速度。

需要采用两个子步实现(NSUBST,2),且所施加位移在两个子步间是阶跃变化的(KBC,1)。如果位移不是阶跃变化(或只用一个子步),所加位移将随时间变化,从而产生非零初始速度。例如,初始位移为 1.0,而初始速度为 0.0,则相应命令流如下:

TIMINT,OFF	! 关闭时间积分(瞬态)效应(实质是进行静力分析)
D,ALL,UY,1.0	! 施加初始位移 1.0
TIME,0.001	! 较小的时间间隔
NSUBST,2	! 定义两个载荷步
KBC,1	! 指定为阶跃载荷
LSWRITE,1	! 写入荷载步文件

```
DDEL,ALL,UY        ！删除施加的位移约束
TIMINT,ON          ！打开瞬态效应,进行瞬态分析
DDEL,ALL,UY        ！删除施加的位移约束
```

⑥ 非零初始加速度。

可以近似地通过在小的时间间隔内指定要施加的加速度来实现。例如,施加初始加速度为 9.81 的命令如下:

```
ACEL,9.81          ！施加竖向(y 方向)初始加速度
TIME,0.001         ！较小的时间间隔
NSUBST,2           ！定义两个载荷步
KBC,1              ！指定为阶跃载荷
LSWRITE,1          ！写入荷载步文件
DDEL,…             ！删除施加的位移约束(根据实际情况而定)
```

2.2.3 ANSYS 完全法瞬态分析步骤

由于车-桥振动系统具有时变特性,采用 ANSYS 对其进行数值求解时通常采用完全法瞬态分析。采用完全法进行瞬态动力分析的步骤主要有:组建有限元模型、设定问题求解初始条件、设置相关求解选项、施加边界条件与荷载、瞬态分析求解与结果观察等。

(1) 组建有限元模型。

进入 ANSYS 软件环境后,首先指定分析文件名和标题,然后定义单元类型与实常数并建立几何模型。对于完全法瞬态分析需要注意以下几点:

① 单元可以为线性的或非线性的;

② 可以考虑材料非线性的影响,且需要指定材料密度属性;

③ 对应力或应变感兴趣的区域网格密度要细一些;

④ 如果包含非线性特性,网格密度应当密到足以捕捉到非线性效应;

⑤ 网格密度应密到足以确定所需要的最高阶振型。

(2) 设定问题求解初始条件。

在进行瞬态分析前,要建立一定的初始条件和荷载步。对于每一个荷载步,都要指定荷载值和时间值,同时指定其他选项等。通常第一个荷载步被用来建立初始条件,然后为第二个荷载步和后续瞬态荷载步施加荷载并设置荷载步选项。

（3）设置相关求解选项。

求解控制选项在 GUI 方式中采用五个选项卡定义，分别为基本控制选项、瞬态控制选项、求解选项等，分别说明如下：

① 基本控制选项。

用命令 ANTYPE,4（ANTYPE,TRANS）定义瞬态动力分析类型；

用命令 NLGEOM 定义是否考虑大变形效应，缺省为不考虑大变形效应；

用命令 AUTOTS 定义是否打开自动时间步长，缺省为不打开自动时间步长；

用命令 DELTIM 或 NSUBST 直接或间接定义积分时间步长及其上、下限值；

用命令 OUTRES 设置结果的输出频率控制，缺省时只写入荷载步的最后一个子步的结果。特别地，缺省时当写入结果数目超过 1000 时，程序将出错终止。可用命令 /CONFIG 改变此设置，将更多的结果写入结果数据文件。

② 瞬态控制选项。

用命令 TIMINT 设置是否考虑时间积分效应，缺省时考虑时间效应。关闭时间积分效应（TIMINT,OFF）相当于静力求解；

用命令 KBC 设置阶跃荷载或斜坡荷载；

用命令 ALPHAD 和 BETAD 设置质量阻尼系数和刚度阻尼系数；

用命令 TINTP 设置瞬态积分参数，它控制 Newmark 时间积分技术，缺省值采用恒定的平均加速度积分算法。

③ 求解选项。

用命令 EQSLV 选择求解器，缺省时由程序选择；

用命令 RESCONTROL 设置重启动文件的写入频率；

用命令 SSTIF 定义是否打开应力刚化效应。

（4）施加边界条件与荷载。

可施加的荷载为约束、力、表面荷载和惯性荷载。除惯性荷载外，其他荷载可施加到几何模型或有限元模型上。

用命令 LSSOLVE 或 SOLVE 进行多载荷步的求解，求解完毕后退出求解层。

（5）瞬态分析求解与观察结果。

瞬态动力分析生成的结果保存在结构分析结果文件 Jobname. RST 中，且所有数据（节点位移、节点和单元应力、节点和单元应变、单元力和节点反力等）都是时间的函数，可用时间历程后处理器 /POST26（用于观察模型中指定点处随时间变化的结果)或通用后处理器/POST1(用于观察指定时间点整个模型的结果)来观察这些结果。

2.2.4　梁上移动荷载模型 ANSYS 瞬态分析

梁上移动荷载(常量力)模型忽略了移动车辆子系统的质量与振动特性,使得车-桥耦合振动分析过程相对简单,适用于移动车辆荷载质量与桥梁结构质量相比小很多时的情况,例如大跨度公路桥梁在行驶车辆作用下的振动分析等。

以匀速移动荷载通过简支梁为例,设简支梁梁体材料弹性模量为200000MPa,材料密度为 $7800kg/m^3$,荷载以 120km/h 的速度匀速移动(可根据需要任意假设)。利用 ANSYS 软件实现匀速移动荷载通过简支梁过程的瞬态动力学分析的命令流(王新敏,2007;王新敏等,2011)如下:

```
FINISH $/CLEAR, START $/CON-        ！设置子步结果文件限值
FIG,NRES,5000
/PREP7 $L=10 $NE=50 $NN=NE+1        ！梁长 10m,单元数 50 个
P=20000 $V=120 * 1E3/3600           ！荷载大小 20kN
DL=L/NE $DT=DL/V                     ！确定单元长度和移动时间
EM=2.0E11 $AREA=0.18 $IM=0.0054     ！设置材料与截面属性
DENG=7800 $G=9.8
F1=ACOS(-1)/(2 * L * * 2) * SQRT     ！计算频率
(EM * IM/(AREA * DENG))
ET,1,BEAM3 $R,1,AREA,IM,1           ！定义单元类型与实常数
MP,EX,1,EM $MP,NUXY,1,0.2
MP,DENS,1,DENG                       ！定义材料性质
* DO,I,1,NN $N,I,(I-1) * DL $ * ENDDO
* DO,I,1,NE $E,I,I+1 $ * ENDDO
D,1,UX,,,,,UY $D,NN,UY $FINISH       ！施加约束并退出前处理
/SOLU $ANTYPE,4 $SSTIFF,ON          ！进入求解器,设定瞬态分析
TIMINT,0 $TIME,1E-5 $ACEL,,G        ！关闭时间积分效应
NSUBS,2 $KBC,1 $SOLVE               ！设定为阶跃荷载
TIMINT,1 $OUTRES,ALL,ALL            ！打开时间积分效应
```

```
DELTIM,DT/10 $ KBC,1 $ AUTOTS,ON          ! 定义积分步长
* DO,I,1,NN                                ! 使用循环实现移动加载
FDELE,ALL,ALL $ F,I,FY,－P                 ! 删除以前的力并施加新力
TIME,I * DT                                ! 定义时间点
SOLVE
* ENDDO                                    ! 实现荷载过桥的瞬态求解
FDELE,ALL,ALL                             ! 删除所有的力(荷载不再作用)
TIME,L/V＋5/F1 $ SOLVE $ FINISH            ! 增加5个周期,计算梁的振动
! 时间历程后处理,获得梁的响应时程
/POST26 $ NC＝NODE(L/2,0,0)               ! 获得跨中节点号
NSOL,2,NC,U,Y $ PLVAR,2                    ! 定义变量,绘制跨中位移时程
```

如果移动荷载不是常量力而是简谐力时,上述命令中的 P 是时间的函数,此时可以用函数计算后的值替代上述命令流中的荷载值即可。对于非匀速运动,可通过调整到达各个点处的时间予以实现。

2.2.5　梁上移动质量模型 ANSYS 瞬态分析

当移动荷载自身质量与桥梁质量相比不可忽略时,就必须考虑移动荷载本身惯性力的影响,即成为移动质量问题。移动质量过桥较移动荷载过桥复杂,假设质量(车辆)移动过程中与梁体密贴(无跳起),其一般有两大类求解计算方法。其一是分别建立桥梁有限元模型与移动质量有限元模型,依据质量过桥速度计算出任意时刻质量纵桥向位置,对质量有限元模型施加相应纵向位移使其到达桥梁纵向位置,采用耦合自由度的方式建立质量与桥梁之间的位移协调关系,进行逐步求解;其二是预先在质量块每一时刻到达位置处建立质量单元,然后根据车辆移动速度依次激活杀死质量单元。以 2.2.4 小节中简支梁为例,采用位移加载与自由度耦合法求解,梁上移动质量模型 ANSYS 实现命令流(王新敏,2007;王新敏等,2011)如下:

```
FINISH  $ /CLEAR, START  $ /CON-          ! 设置子步结果文件限值
FIG,NRES,5000
/PREP7 $ L＝10 $ NE＝50 $ NN＝NE＋1        ! 梁长10m、单元数50个
NN1＝NN＋1 $ NE1＝NE＋1
```

```
P=20000 $ V=120*1E3/3600
DL=L/NE $ DT=DL/V                          ! 确定单元长度与移动时间
EM=2.1E11 $ AREA=0.18 $ IM=0.0054          ! 设置梁单元特性
DENG=7800 $ G=9.8
F1=ACOS(-1)/(2*L**2)*SQRT                   ! 计算自振频率
(EM*IM/(AREA*DENG))
ET,1,BEAM3 $ R,1,AREA,IM,1                  ! 定义梁单元类型与实常数
MP,EX,1,EM $ MP,NUXY,1,0.2
MP,DENS,1,DENG                              ! 定义材料性质
ET,2,MASS21,,,4 $ R,2,P/G                   ! 定义质量单元类型及实常数
*DO,I,1,NN $ N,I,(I-1)*DL $ *ENDDO          ! 创建节点
*DO,I,1,NE $ E,I,I+1 $ *ENDDO               ! 创建梁单元
N,NN1 $ TYPE,2 $ REAL,2 $ E,NN1            ! 创建质量单元
D,1,UX,,,,,UY $ D,NN,UY
D,NN1,ALL $ FINISH                          ! 施加约束并退出前处理
! 瞬态分析求解过程
/SOLU $ ANTYPE,4 $ SSTIFF,ON                ! 设定瞬态动力分析
TIMINT,0 $ TIME,1E-5 $ ACEL,,G              ! 关闭时间积分效应
NSUBS,2 $ KBC,1 $ SOLVE                     ! 定义阶跃加载方式
TIMINT,1 $ OUTRES,ALL,ALL                   ! 打开时间步长,定义输出控制
DELTIM,DT/10 $ KBC,1 $ AUTO,ON
DDEL,NN1,UY                                 ! 删除质量单元的UY约束
*DO,I,1,NN                                  ! 使用循环实现质量移动加载

CPDELE,ALL $ D,NN1,UX,(I-1)*DL              ! 删除所有耦合方程,移动
                                             质量
                                            ! 耦合质量与相应位置的
CP,NEXT,UY,I,NN1                             梁节点

TIME,I*DT                                   ! 定义时间点
SOLVE                                       ! 求解
*ENDDO                                      ! 循环求解结束
```

```
! 移动质量过桥后桥梁的瞬态分析
CPDELE,ALL                              ! 将所有的耦合约束进行删除
D,NN1,UX,L+1 $ D,NN1,UY
TIME,L/V+5/F1 $ SOLVE $ FINISH          ! 增加 5 个周期时间的响应
! 时间历程后处理,获得梁的响应时程
/POST26 $ NC=NODE(L/2,0,0)              ! 获得跨中节点号
                                        ! 定义变量,绘制跨中位移
NSOL,2,NC,U,Y $ PLVAR,2                 时程
```

2.2.6　梁上移动质量-弹簧模型 ANSYS 瞬态分析

现代车辆动力学的研究表明:移动弹簧-质量模型更加接近于真实车辆,其振动响应也更能反映真实车辆的动力行为。当把车辆看作移动弹簧-质量模型时,可利用 ANSYS 的单元生死功能实现车辆过桥的动态分析。以 2.2.4 小节中简支梁为例,采用单元生死法求解梁上移动质量-弹簧模型 ANSYS 实现命令流(王新敏,2007;王新敏等,2011)如下:

```
FINISH  $ /CLEAR, START  $ /CON-       ! 设置子步结果文件限值
FIG,NRES,5000
/PREP7 $ L=10 $ NE=50 $ NN=NE+1        ! 梁长 10m、单元数 50 个
P=20000 $ V=120 * 1E3/3600            ! 设定质量与车速参数
DL=L/NE $ DT=DL/V                      ! 确定积分时间步长
EM=2.1E11 $ AREA=0.18 $ IM=0.0054     ! 设置梁体材料与截面属性
DENG=7800 $ G=9.8                      ! 设置密度与重力加速度
F1=ACOS(-1)/(2 * L * * 2) * SQRT       ! 计算自振频率
(EM * IM/(AREA * DENG))
ET,1,MASS21,,,4 $ R,1,P/G             ! 定义质量单元与实常数
KSTIF=1E7 $ ET,2,14,,2 $ R,2,KSTIF    ! 定义弹簧单元及其实常数
ET,3,BEAM3 $ R,3,AREA,IM,1            ! 定义梁单元类型与实常数
MP,EX,3,EM $ MP,NUXY,3,0.2
MP,DENS,3,DENG                         ! 定义梁单元材料性质
TYPE,1 $ REAL,1                        ! 设定单元类型为1、实常数为1
```

```
* DO,I,1,NN $ N,I,(I-1) * DL,0.5        ! 定义质量单元节点
E,I $ * ENDDO                           ! 生成质量单元
* DO,I,1,NN $ N,NN+I,(I-1) * DL
$ * ENDDO
TYPE,2 $ REAL,2
* DO,I,1,NN $ EN,100+I,I,NN+I $         ! 生成弹簧阻尼单元
* ENDDO
TYPE,3 $ REAL,3 $ MAT,3
* DO,I,1,NE $ E,NN+I,NN+I+1 $           ! 创建梁单元
* ENDDO
D,NN+1,UX,,,,,UY $ D,NN+NN,UY           ! 施加梁单元约束
FINISH                                  ! 退出前处理
! 瞬态分析求解过程
/SOLU $ ANTYPE,4 $ NLGEOM,ON $          ! 定义瞬态分析
NROPT,FULL $ ACEL,,G
ESEL, S, REAL,, 1 $ EKILL, ALL          ! 杀死所有质量单元
$ ALLSEL,ALL

TIMINT,OFF $ TIME,1E-5                  ! 关闭时间积分效应

NSUBS,2 $ KBC,1 $ SOLVE                 ! 进行求解,确定车辆初始
                                          状态
TIMINT, ON $ OUTRES, ALL, ALL
$ DELTIM,DT/10 $ KBC,1
AUTO, ON $ EALIVE, 1 $ TIME,
DT $ SOLVE
* DO,I,2,NN-1
EKILL,I-1 $ EALIVE,I $ TIME,I * DT      ! 激活当前位置的质量单元
SOLVE $ * ENDDO                         ! 定义时间求解,至将移出桥梁
EKILL,I $ TIME,NN * DT $ SOLVE          ! 移到最后一点求解
ESEL, S, REAL,, 1 $ EKILL, ALL          ! 杀死所有单元
$ ALLSEL,ALL
```

```
TIME,L/V+5/F1 $ SOLVE $ FINISH        ！求解移除梁跨后桥梁的
                                         响应
！时间历程后处理,获得梁的响应时程
/POST26 $ NC=NODE(L/2,0,0)            ！获得跨中节点号
NSOL,2,NC,U,Y $ PLVAR,2              ！定义变量,绘制跨中位移时程
```

2.3　基于 ANSYS 的公路桥梁车-桥耦合振动分析方法

借助 ANSYS 软件的自由度耦合或单元生死功能,虽能实现简化车-桥振动模型的耦合振动分析,但其计算精度低,不适用于复杂桥梁、复杂车辆行驶工况与实际车流作用下的车-桥耦合分析研究。施颖、宋一凡等(2010)和施颖、田清勇等(2010)提出基于 ANSYS 的车-桥耦合振动分析法,虽可解决公路复杂桥梁的车-桥振动问题,但需迭代计算,不适合车流作用下的车-桥耦合振动分析;蒋培文、贺栓海等(2011,2012,2013)充分利用大型通用有限元分析软件 ANSYS,避免了车-桥系统运动方程的推导,但其在任意时刻车轮与桥面位移协调关系方面存在一定的近似性,且仅适用于梁单元。因此,寻求一种高效实用的车-桥耦合振动分析方法对公路桥梁车-桥耦合振动研究具有重要的理论价值及工程实际意义。

基于分离法原理与车辆动力学理论,提出了基于 ANSYS 软件的一种车-桥耦合振动响应数值分析新方法。将车辆模型(平面半车或空间整车)与桥梁模型(梁或板单元)分别建于 ANSYS 软件环境中,利用约束方程实现任意时刻车轮与桥面接触点的位移协调(力的平衡关系程序自动满足),基于 ANSYS 瞬态动力学求解功能,采用 APDL 编程实现车辆(车流)过桥的耦合动力时程响应分析。

2.3.1　车辆多刚体有限元模型

汽车是一个复杂的振动系统,应根据所分析的问题进行适当简化。车辆动力学的研究表明(杨绍普,陈立群等,2012;余志生,2009;俞凡,林逸,2005):车辆系统各部件沿桥梁纵向的振动对桥梁结构的竖向与横向振动影响甚小,同时车辆系统竖向与横向振动之间的耦联效应较弱,为了计算上的方便,常常将车辆竖向与横向振动分平面进行。因此,在研究车桥垂向(竖向)耦合振动问题时,空间整车模型只需考虑车体的浮沉、俯仰和侧倾 3 个自由度与每个车轮的竖向位移,

平面半车模型(单轨模型)只需考虑车体的浮沉和俯仰 2 个自由度与每个车轮的竖向位移自由度。

图 2.5 为一个把汽车车身质量看作刚体的双轴汽车简化立体模型。汽车车身质量为 M,它由车身、车架及其上的总成所构成,其绕通过质心的纵轴 x 和横轴 z 的转动惯量分别为 I_x 与 I_z,车身质量通过悬架弹簧和减振器与车轴、车轮相连接。各车轮、车轴构成的非悬挂(车轮)质量为 $m_i(i=1,2,3,4)$,车轮再经过具有一定弹性与阻尼的轮胎支撑于桥面(地面)上。

ANSYS 可以进行结构、热、流体等多场问题的独立与耦合分析,单元种类齐全,可以方便地对图 2.5 中的简化车辆模型进行精确建模。表 2.1 列出了简化车辆模型各部件对应 ANSYS 软件中的相应单元类型及其选项设置。在 ANSYS 软件中建立车辆模型时,车体质量单元 MASS21 与悬架弹簧阻尼单元 COMBIN14 之间通过刚性梁进行连接,以实现位移与力的传递。

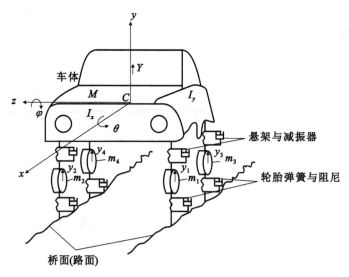

图 2.5 双轴汽车简化立体模型

Y—车体的竖向位移;θ,φ—车体绕纵轴 x 和横轴 z 的转角位移;
$y_i(i=1,2,3,4)$—前、后轴各车轮的竖向位移

表 2.1   **简化车辆模型部件 ANSYS 单元类型及其选项**

车辆模型部件	ANSYS 单元类型	单元选项设置
车体	MASS21	空间整车:KEYOPT(3)=0 平面半车:KEYOPT(3)=3
悬架与减振器	COMBIN14	KEYOPT(2)=2

续表

车辆模型部件	ANSYS 单元类型	单元选项设置
非悬挂质量	MASS21	空间整车:KEYOPT(3)=2 平面半车:KEYOPT(3)=4
车轮弹簧阻尼	COMBIN14	KEYOPT(2)=2
车体质量与悬架连接	MPC184	KEYOPT(1)=1

注:车体质量与悬架连接部分还可采用梁单元模拟,通过提高弹性模量实现刚性连接。

图 2.6 为对应图 2.5 的双轴空间简化汽车 ANSYS 多刚体有限元模型。

当汽车对称于其纵轴线且左、右车辙的不平整度函数相同时,由于左右车体的对称性,可将空间汽车(整车)模型简化为平面半车模型(半车辆模型),此时汽车车身仅有竖向振动和俯仰振动,图 2.7(a)为双轴汽车简化平面模型,图 2.7(b)为双轴平面简化汽车 ANSYS 多刚体有限元模型。

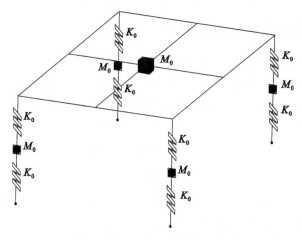

图 2.6 双轴空间简化汽车 ANSYS 多刚体有限元模型

M_0—MASS21 质量单元;K_0—COMBIN14 弹簧阻尼单元

基于上述方法,利用 ANSYS 软件可以建立常见汽车车型(多轴或拖挂车)的空间或平面简化多刚体有限元模型。当考虑车流过桥时,可在相应车道分别依次建立相互独立的多辆车进而形成车流模型。

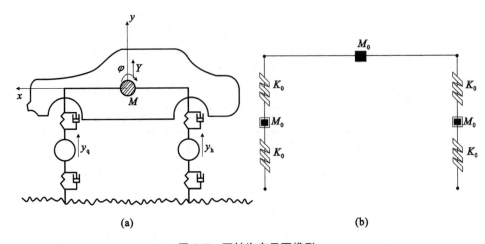

图 2.7 两轴汽车平面模型

（a）简化平面模型；（b）ANSYS 多刚体有限元模型

2.3.2 桥梁结构有限元模型

车-桥耦合振动分析中桥梁结构形式是多种多样的，涵盖了梁桥、拱桥、刚构桥、悬索桥、斜拉桥及各种组合体系桥梁等全部桥型。大型通用有限元分析软件 ANSYS 功能强大，具有丰富的单元库与材料库，可以对任何结构体系的桥梁进行全桥仿真分析（葛俊颖，王立友，2007）。应用有限元软件可以建立各种桥型的有限元模型，进而形成桥梁整体动力平衡方程。桥梁结构的振动方程可统一写为：

$$\boldsymbol{M}_b \ddot{\boldsymbol{Y}}_b + \boldsymbol{C}_b \dot{\boldsymbol{Y}}_b + \boldsymbol{K}_b \boldsymbol{Y}_b = \boldsymbol{F}_{bg} + \boldsymbol{F}_{bv} \tag{2.24}$$

式中，$\boldsymbol{M}_b$ 为桥梁质量矩阵；$\boldsymbol{C}_b$ 为桥梁阻尼矩阵；$\boldsymbol{K}_b$ 为桥梁刚度矩阵；$\ddot{\boldsymbol{Y}}_b$、$\dot{\boldsymbol{Y}}_b$、$\boldsymbol{Y}_b$ 分别为桥梁节点的加速度、速度和位移向量；$\boldsymbol{F}_{bg}$ 为作用于桥梁上与车-桥耦合无关的荷载列向量；$\boldsymbol{F}_{bv}$ 为作用于桥梁节点上的车轮力列向量。

2.3.3 桥面不平整度模型及其模拟

（1）桥面不平整度概念。

桥梁或道路表面的凹凸不平，使实际桥面（路面）偏离绝对理想基准面（光滑水平面），导致线形的不平整称为桥面（路面）不平整度。

桥梁的桥面不平整度通常可以按照桥梁结构是否受到交通荷载的作用分为两种形式：无受力状态下的静态不平整度和交通荷载作用下的动态不平整度，如图 2.8 所示。

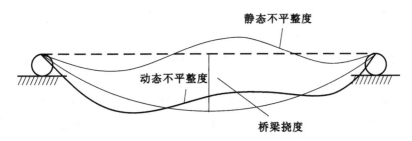

图 2.8　桥面不平整度

不平整的桥面会使车辆振动加剧,是影响车桥耦合振动的关键因素之一。大量的研究表明,桥面不平整是具有零均值、各态历经的平稳高斯随机过程,通常用功率谱来描述桥面的统计特性(刘献栋等,2003)。

《车辆振动输入　路面平度表示方法》(GB/T 7031—1986)建议的公路路面功率谱密度拟合表达式如下:

$$G_{\mathrm{d}}(n) = G_x(n_0)\left(\frac{n}{n_0}\right)^{-\omega} \tag{2.25}$$

式中,n_0 为参考空间频率,其值为 $0.1\mathrm{m}^{-1}$;n 为空间频率;$G_{\mathrm{d}}(n_0)$ 为参考空间频率 n_0 下的路面功率谱密度值,称为路面不平整度系数,它取决于路面等级;ω 为频率指数,取为 2。

路面(桥面)按功率谱密度通常可以分为 8 级,如表 2.2 所示。

表 2.2　路面等级分级表

路面等级	路面平度系数 $G_{\mathrm{d}}(n_0)/(10^{-6}\mathrm{m}^2/\mathrm{m}^{-1})$		
	下限	几何平均	上限
A	8	16	32
B	32	64	128
C	128	256	512
D	512	1024	2048
E	2048	4096	8192
F	8192	16384	32768
G	32768	65536	131072
H	131072	262144	524288

（2）桥面不平整度模拟。

① 桥面不平整度模拟原理。

为了获得给定路面谱的路面（桥面）不平整度时域模型，往往将路面不平整度视为平稳高斯随机过程，常用的模拟路面不平整度方法有二次滤波法、白噪声滤波法、简谐波叠加法（三角级数法）和频域法等（王元丰等，1997；星谷胜，常保琦，1977；陈果，翟婉明，1999），但二次滤波法需对不同功率谱密度函数进行滤波器的设计，缺乏通用性；三角级数法和白噪声滤波法将路面不平整度看作平稳高斯随机过程，这与现阶段的研究成果不是完全相符的。通过数值研究证明路面不平整度并不能简单定性为平稳随机过程，事实上路面不平整度功率谱是对时域采样信号通过周期图法而计算得到的，其计算核心是 FFT 变换（刘献栋等，2003）。

利用傅立叶变换可得到路面不平整度，其计算公式为：

$$r(x) = \frac{1}{N}\sum_{k=0}^{N-1} X_k \mathrm{e}^{\frac{i2\pi kn}{N}} \quad (k = 0,1,2,\cdots,N-1) \tag{2.26}$$

式中，$r(x)$ 为路面不平整度；X_k 为复数，先计算得到的只是 $|X_k|$ 的模值，并且引入相 φ_k，则有

$$|X_k| = \sqrt{\frac{N}{2\Delta l}G_x(n_k)} \quad \left(k = 0,1,2,\cdots,\frac{N}{2}\right) \tag{2.27}$$

$$X_k = |X_k|\mathrm{e}^{i\varphi k} \quad \left(k = 0,1,2,\cdots,\frac{N}{2}\right) \tag{2.28}$$

式中，n_k 为离散的空间频率；Δl 为采样间隔；φ_k 为随机相位，在 $[0,2\pi]$ 上服从均匀分布；N 为采样频段数。

利用傅立叶变换法的基本思路：首先将功率谱密度的离散数据进行离散傅立叶变换，然后对离散傅立叶变换得到的数据按照一定规则进行补齐，再对其进行傅立叶逆变换，即可得到路面不平整度时域数据。该方法思路明确，便于操作，且能保证变换前后的功率谱密度的一致性，还可以通过处理公路路面功率谱密度的拟合表达式得到所需等级公路路面的不平整度值，是模拟路面不平整度的一种可靠方法。

② 空间频率范围的确定。

由于车辆减振系统（悬架）的帮助，某些频率的路面激励对车辆振动的影响很小（可以忽略不计），在进行路面不平整度时域模拟计算时，就需要规定路面空间频率限值（有效空间频率）。

设车辆的行驶速度为 v，路面不平整度的空间频率为 n，则车轮受到的激振频率为 $f = vn$。若车辆振动的主要频率范围为 (f_l, f_u)，则路面不平整度功率谱密度的有效空间频率上、下限 $(n_u、n_l)$ 分别为

$$\begin{cases} n_u = \dfrac{f_u}{v} \\ n_l = \dfrac{f_l}{v} \end{cases} \tag{2.29}$$

在计算功率谱密度时为避免频率混叠，依据采样定理，距离采样间隔 Δl 应满足：

$$\Delta l \leqslant \frac{1}{2n_u} \tag{2.30}$$

若采样点数为 N，总采样距离为 $L = N\Delta l$，则采样的空间频率分辨率为 $\Delta n = 1/L$。

车辆动力学的相关研究表明（杨绍普等，2012；余志生，2009；俞凡，林逸，2005；周长城等，2011）：无论是较轻的客车还是重型卡车，不同车辆系统（车身、座椅和车轮轮胎）的振动频率极限值之间差别很小，一般可取轮胎激励时间频率范围为 $0.5 \sim 50\text{Hz}$，汽车车速一般为 $9 \sim 180\text{km/h}$（即为 $2.5 \sim 50\text{m/s}$），根据式 (2.29)，可计算出路面不平整度空间频率的上、下限值分别为：

$$n_u = \frac{50}{2.5} = 20(\text{m}^{-1}), \quad n_l = \frac{0.5}{50} = 0.01(\text{m}^{-1})$$

则采样间隔 Δl 应取：

$$\Delta l \leqslant \frac{1}{2n_u} = \frac{1}{2 \times 20} = \frac{1}{40} = 0.025(\text{m})$$

③ 桥面不平整度的数值模拟。

参照《车辆振动输入 路面平度表示方法》（GB/T 7031—1986）中标准路面谱，基于 MATLAB 平台，采用快速傅立叶变换法（FFT）模拟实现了不同等级路面的桥面不平整度时域样本。图 2.9 为 100m 长的 A、B、C、D 级路面不平整度模型，模拟不同等级的路面不平整度函数时选取了相同的随机数组，从而使得到的路面不平整度样本具有一定的共性。

2.3.4 位移协调关系及其实现

依据车-桥耦合振动分离法原理，车辆与桥梁模型之间通过建立车-桥位移协调与相互作用力的平衡关系相联系，而车辆与桥梁之间的相互作用力又是通过位移联系方程求得的，所以位移协调关系（位移联系方程）的确定成为车-桥

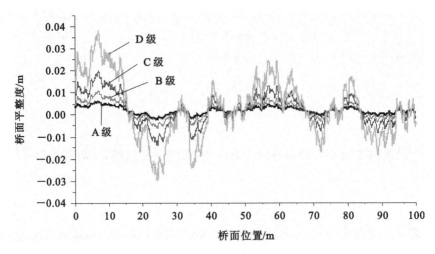

图 2.9　桥面不平整度模型

耦合振动分析的关键。

　　动力有限元分析中,三维实体桥梁模型的单元数量通常巨大,求解资源耗费较多,而采用杆、梁和板(壳)单元及其组合能实现对几乎所有结构形式桥梁的模拟,故桥梁模型采用梁单元与板单元分两种情况进行讨论。图 2.10 为采用梁、板单元模拟桥梁的车-桥耦合模型示意图,车辆采用前述空间双轴车模型。

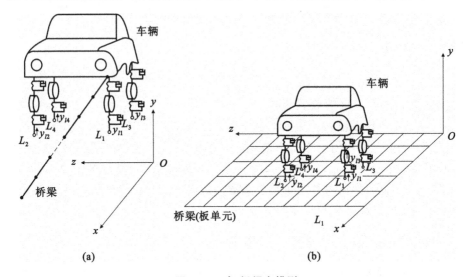

图 2.10　车-桥耦合模型

(a) 梁单元模型;(b) 板单元模型

L_1、L_2、L_3、L_4—空间车辆模型中各车轮与桥面接触位置处节点号;

$Oxyz$—整体坐标系,桥梁建模时的方向规定 x 为纵桥向,y 为竖桥向,z 为横桥向

（1）确定车辆模型中车轮与桥面接触点在任意时刻的位置坐标。

桥面作用的车辆行驶轨迹通常平行于桥梁的中轴线，且其速度状态通常为匀速或匀变速直线运动状态。设初始时刻车辆模型车轮与桥面接触点 L_i 的位置坐标分别为 $(L_{ix}, L_{iy}, L_{iz})(i=1,2,3,4)$，桥面车辆的初始速度为 v_0，加速度为 a（匀速时 $a=0$），则任意时刻 t，各 $L_i(i=1,2,3,4)$ 节点的位置坐标分别为：

$$\begin{cases} L_{ix}(t) = L_{ix} + v_0 t + at^2/2 \\ L_{iy}(t) = L_{iy} \\ L_{iz}(t) = L_{iz} \end{cases} \tag{2.31}$$

（2）车轮与桥面接触位置处桥梁位移（桥梁节点位移转换）。

在任意时刻 t，车辆模型中车轮与桥面接触节点 L_i 坐标 $(L_{ix}, L_{iy}, L_{iz})(i=1,2,3,4)$ 确定后，由于该节点未必处于桥梁节点处，故存在车轮位置处与桥梁节点处位移的转换问题。现分别就梁单元与板单元车轮位置处竖向位移转换说明如下。

① 梁单元车轮位置处竖向位移转换。

如图 2.11 所示，根据梁单元位移场推导结果（曾攀，2006；陈国荣，2009；朱伯芳，1998），梁单元内任意位置处竖向位移可表示为：

$$\begin{cases} v(x) = (1 - 3\xi^2 + 2\xi^3)v_1 + (3\xi^2 - 2\xi^3)v_2 + l(\xi - 2\xi^2 + \xi^3)\theta_1 + l(\xi^3 - \xi^2)\theta_2 \\ \xi = x/l \end{cases}$$

$$\tag{2.32}$$

式中，$v(x)$ 为竖向位移函数；v_i、$\theta_i(i=1,2)$ 分别为梁单元两端节点的挠度与转角；l 为梁单元长度。

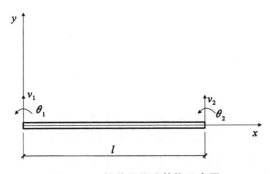

图 2.11　梁单元位移转换示意图

当车轮未作用于梁轴线上时，由扭转所产生的竖向位移可以根据线性规律进行计算。

② 板单元车轮位置处竖向位移转换。

板单元内任意位置处竖向位移同样可以依据单元形函数，表示为板单元相关节点处位移自由度的函数关系。如图2.12所示，根据四边形板单元位移场推导结果（陈国荣，2009；朱伯芳，1998），板单元内任意位置处竖向位移可表示为：

$$w(x,y) = N_i w_i + N_{xi}\theta_{xi} + N_{yi}\theta_{yi} + N_j w_j + N_{xj}\theta_{xj} + N_{yj}\theta_{yj} + \\ N_m w_m + N_{xm}\theta_{xm} + N_{ym}\theta_{ym} + N_p w_p + N_{xp}\theta_{xp} + N_{yp}\theta_{yp} \tag{2.33}$$

式中，形函数 N_i、N_{xi}、N_{yi} 是关于 x 和 y 的非完整四次多项式，分别为：

$$\left. \begin{aligned} N_i &= \frac{1}{8}(1+\xi_i\xi)(1+\eta_i\eta)(2+\xi_i\xi+\eta_i\eta-\xi^2-\eta^2) \\ N_{xi} &= -\frac{1}{8}b\eta_i(1+\xi_i\xi)(1+\eta_i\eta)^2(1-\eta_i\eta) \quad (i,j,m,p) \\ N_{yi} &= \frac{1}{8}a\xi_i(1+\xi_i\xi)^2(1-\xi_i\xi)+\eta_i\eta \end{aligned} \right\} \tag{2.34}$$

其中，$\xi=\dfrac{x}{a}$，$\eta=\dfrac{y}{b}$。

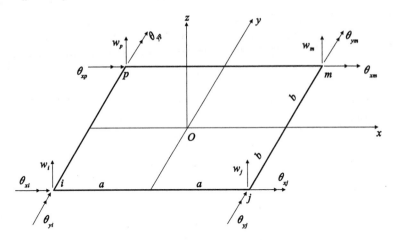

图 2.12　板单元位移转换示意图

（3）利用约束方程实现位移协调（力的平衡自动满足）。

车辆在桥梁上行驶的过程中，假定车轮与桥面始终密贴接触而无跳起现象，则任意时刻，车桥系统车辆模型中车轮与桥梁接触节点 L_i 竖向位移 y_{li}、相应位置处桥梁竖向位移 y_{qli} 与桥面不平整度 r_{li} 之间存在确定关系（位移协调关系）为：

$$y_{li} - y_{qli} - r_{li} = 0 \quad (i=1,2,3,4) \tag{2.35}$$

式中，$y_{li}(i=1,2,3,4)$为车轮节点L_i的竖桥向位移；y_{qli}为相应车轮节点L_i位置处桥梁的竖向位移，依据式（2.32）或式（2.33），可用桥梁结构单元相关节点处位移表示；r_{li}为车轮L_i节点位置处桥面不平整度。

约束方程是联系单元自由度值的一种线性方程，其形式（王新敏，2007）如下：

$$Const = \sum_{I=1}^{N}\left[Coefficient(I) \times U(I)\right] \qquad (2.36)$$

式中，$U(I)$为自由度项（Ux、Uy、Uz 平动自由度或 ROTx、ROTy、ROTz 转动自由度）；$Coefficient(I)$为自由度项$U(I)$的系数；N为方程中项的编号。

利用 ANSYS 软件约束方程（CE）功能，可以在任意载荷步（任意时刻）建立车辆与桥梁之间的位移协调关系，直接生成约束方程的 ANSYS 命令格式如下：

CE，NEQN，CONST，NODE1，Lab1，C1，NODE2，Lab2，C2，NODE3，Lab3，C3
其中，NEQN 为约束方程编号，其值可取：N（任意编号）；HIGH（缺省，表示既有约束方程的最高编号，特别适合向既有约束方程组中添加自由度）；NEXT（既有约束方程的最高编号＋1）。

CONST 为常数项，即为式（2.36）的左端项。

NODE 为约束方程第一项的节点号，若为－NODE 则表示从约束方程中删除该项（可用于修改约束方程）。

Lab1 为第一项的节点自由度标识符，结构分析可为平动自由度 Ux、Uy、Uz 及转动自由度 ROTx、ROTy、ROTz（弧度）。

C1 为约束方程第一项的系数，如果为 0，则不计该项。

NODE2、Lab2、C2 分别为约束方程第二项的节点编号、自由度标识与系数。

NODE3、Lab3、C3 分别为约束方程第三项的节点编号、自由度标识与系数。

当约束方程中的项数多于三项时，可以通过重复执行 CE 命令向该约束方程中增加其他项；若需要修改约束方程的常数项，则采用不带节点参数的 CE 命令，但求解过程中只能修改约束方程的常数项，且仅可采用 CECMOD 命令修改。

依据约束方程建立方法,式(2.35)的约束方程形式可表示为:

$$CE, r_{li}, L_i, UY, 1, QL_i, Lab, C_i$$

其中,QL_i 为车轮 L_i 作用位置处桥梁单元相关节点号;Lab、C_i 分别为自由度标签与系数,可按式(2.32)或式(2.33)进行确定。

2.3.5 车-桥耦合振动分析方法与流程

基于大型通用有限元分析软件 ANSYS 平台,利用其瞬态动力学分析功能,采用 APDL 语言,编制了公路桥梁车-桥耦合振动分析系统,其算法流程见图 2.13,具体方法步骤如下:

第一步:采用 ANSYS 软件建立桥梁三维空间(平面)有限元模型,进行模态分析,得到桥梁结构基频与自振周期 T。选取合适的时间积分步长,一般时间积分步长可取为 $\Delta t \leqslant T/15$。

第二步:输入车道与车辆信息,包括车道位置、数量、方向和车速,车辆数量、类型、初始位置、所属车辆及特性参数等,形成车流(车辆)信息矩阵。

第三步:采用 APDL 语言建立标准车辆模型库(车型库宏文件),根据第二步的车辆信息矩阵,通过调用车型库宏文件依次建立车辆多刚体有限元模型,从而形成车流。

第四步:通过 MATLAB 编程生成桥面不平整度样本,并将其读入 ANSYS 表数组中,表的 0 列行索引为纵桥面位置坐标值。任意时刻车辆车轮位置确定后,车轮作用处的桥面不平整度可以通过表的自动插值功能确定。

第五步:根据位移协调关系式(2.35),利用 ANSYS 约束方程功能,建立任意时刻车轮与桥面接触点的竖向位移约束条件,通过采用 APDL 语言结合 ANSYS 瞬态动力学分析功能,自编宏文件实现车辆(车流)过桥的耦合动力时程分析。

第六步:进入时间历程后处理器/POST26 查看桥梁节点或构件位移、内力与应力时程,并与静力分析结果对比,计算桥梁冲击系数等参数。

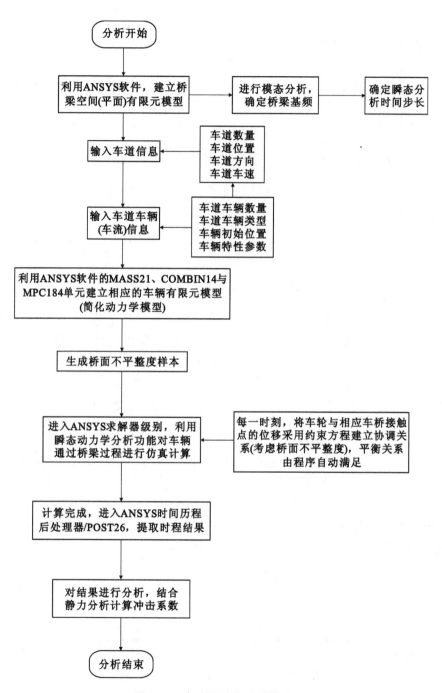

图 2.13 车-桥耦合振动计算流程

2.4　算例验证

为了验证所提车-桥耦合振动方法的正确性与精度,参考前人研究中的算例(陈榕峰,2007;曹雪琴等,1987;沈火明,肖新标,2003;Henchi K et al,1998),采用本书方法分别对其进行仿真计算,并对计算结果进行了对比分析。

2.4.1　1/4 车辆模型匀速通过简支梁

参考曹雪琴等(1987)研究的 1/4 车辆模型作用下的简支梁算例,车辆与桥梁技术参数如表 2.3 所示,不考虑桥梁阻尼与桥面不平整度的影响。

表 2.3　　　　　　　　　　　车辆与桥梁技术参数

技术参数	参数取值
车体质量 M/kg	4.69×10^4
构架及轮对质量 m/ kg	1.69×10^4
悬架弹簧刚度系数 $k/(\mathrm{N \cdot m^{-1}})$	4.87×10^6
悬架弹簧阻尼系数 $c/(\mathrm{kg \cdot s^{-1}})$	3.14×10^5
桥梁跨径 l/m	16
桥梁单位长度质量 $\overline{m}/(\mathrm{kg \cdot m^{-1}})$	9.36×10^3
抗弯刚度 $EI/(\mathrm{N \cdot m^2})$	2.05×10^{10}

图 2.14 为 1/4 车辆模型作用下的车-桥耦合振动分析模型,车辆简化为一个质量-弹簧阻尼-质量系统。应用 ANSYS 软件对其进行建模,采用平面梁 BEAM3 单元对简支梁进行离散化,划分为 200 个梁单元,利用所提方法对其进行瞬态动力学求解,不同车速下桥梁跨中挠度时程响应与车辆(车体与车轮)竖向振动时程响应分别如图 2.15 与图 2.16 所示。

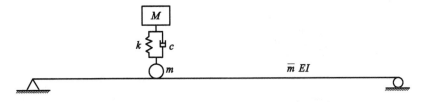

图 2.14　1/4 车辆模型作用下简支梁车-桥耦合模型

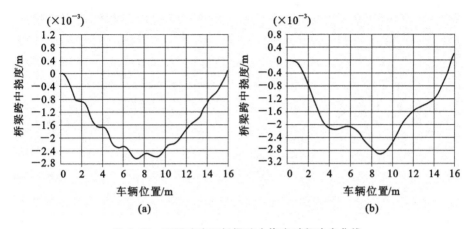

图 2.15 不同速度下桥梁跨中挠度时程响应曲线

(a) 60km/h;(b) 160km/h

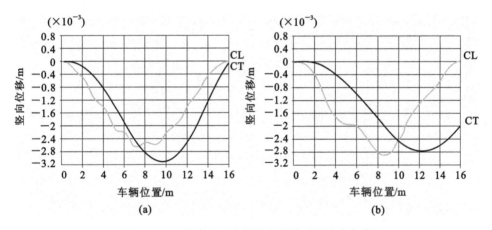

图 2.16 不同速度下车辆竖向位移时程响应曲线

(a) 60km/h;(b) 160km/h

CT—车体竖向位移;CL—车轮竖向位移

将计算结果进行归纳整理,并与曹雪琴等(1987)研究的计算结果对比,如图 2.17、图 2.18 与表 2.4 所示。

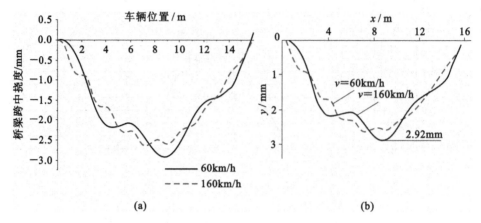

图 2.17 不同速度下简支梁跨中挠度响应比较

（a）本书方法分析结果；（b）曹雪琴等（1987）研究

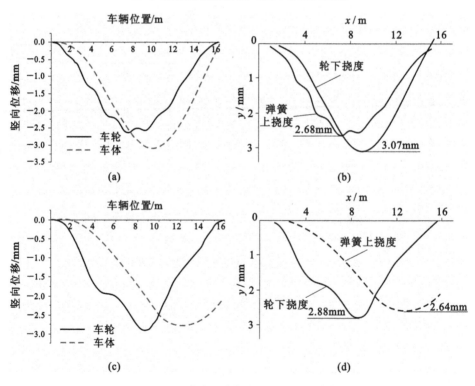

图 2.18 不同速度下车辆竖向振动位移响应比较

（a）本书方法分析结果（60km/h）；（b）曹雪琴等（1987）研究（60km/h）；

（c）本书方法分析结果（160km/h）；（d）曹雪琴等（1987）研究（160km/h）

表2.4 两种方法计算结果比较

项目	本书方法计算结果/mm	曹雪琴等(1987)研究计算结果/mm	误差/%
160km/h 桥梁跨中挠度	2.92	2.92	0.0
60km/h 车轮竖向位移	2.63	2.62	0.4
60km/h 车体竖向位移	3.10	3.07	1.0
160km/h 车轮竖向位移	2.90	2.88	0.7
160km/h 车体竖向位移	2.78	2.64	5.3

从以上分析可以看出,无论桥梁跨中挠度时程响应还是车辆(车体与车轮)竖向位移时程响应,本书方法计算结果与曹雪琴等(1987)研究计算结果十分吻合,最大相差仅为5.3%,且桥梁挠度与车辆竖向振动变化趋势一致,说明本书所提方法正确合理,并具有较高的精度。

2.4.2 双轴半车模型匀速通过简支梁

参考沈火明、肖新标(2003)研究中的半车辆模型作用下的简支梁算例,应用本书方法对其进行求解(详见附录A)。车辆为双轴半车模型(图2.19),参数按表2.5取值。简支梁桥梁参数如下:计算跨径为32m,抗弯刚度为$3.5 \times 10^{10} \text{N} \cdot \text{m}^2$,单位长度质量为$5.41 \times 10^3 \text{kg} \cdot \text{m}^{-1}$,不考虑桥梁阻尼与桥面不平整度的影响。

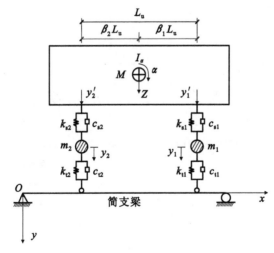

图2.19 轴半车作用下的简支梁

表2.5 车辆技术参数

半车辆模型参数	参数取值
上层刚度系数 k_{si}/(N·m^{-1})	2.535×10^6
上层阻尼系数 c_{si}/(kg·s^{-1})	1.96×10^5
下层刚度系数 k_{ti}/(N·m^{-1})	4.28×10^6
下层阻尼系数 c_{ti}/(kg·s^{-1})	9.8×10^4
轮对质量 m_i/kg	4330
车体质量 M/kg	3.85×10^4
车体点头刚度 I_a/(kg·m^2)	2.466×10^6
轴距 L_u/m	8.4

采用本书车-桥耦合振动分析方法对其进行建模求解,可以得到不同车速下简支梁桥梁跨中挠度时程响应曲线如图2.20～图2.24所示。

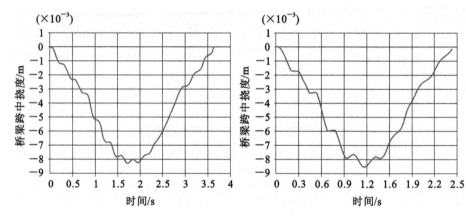

图2.20 40km/h桥梁跨中挠度时程
响应曲线

图2.21 60km/h桥梁跨中挠度时程
响应曲线

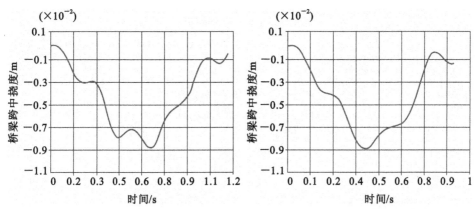

图 2.22 120km/h 桥梁跨中挠度时程
响应曲线

图 2.23 160km/h 桥梁跨中挠度时程
响应曲线

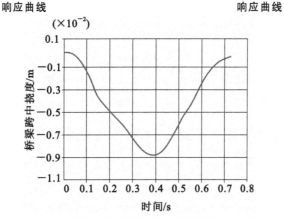

图 2.24 200km/h 桥梁跨中挠度时程响应曲线

将以上计算结果进行整理,并与沈火明、肖新标(2003)研究的计算结果进行对比,如图 2.25、图 2.26 所示。

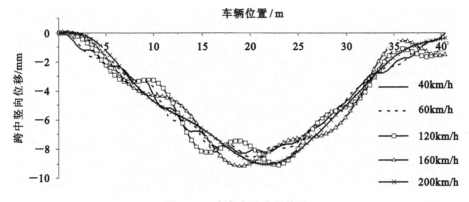

图 2.25 本书方法分析结果

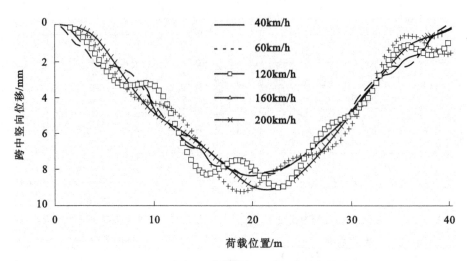

图 2.26　沈火明、肖新标(2003)研究分析结果

对比图 2.25 与图 2.26 可以看出,双轴半车模型以不同速度匀速通过简支梁桥时,按本书车-桥耦合计算方法计算所得桥梁位移响应与沈火明、肖新标(2003)研究的计算结果十分吻合,且精度较高。

2.4.3　考虑桥面不平整度时的车-桥耦合振动分析

桥面不平整度是车-桥耦合振动的重要影响因素,不平整的桥面将加剧车辆的振动,从而引起桥梁结构更大的响应。采用本书前述桥面不平整度模型模拟方法,分别模拟了 A 级、B 级与 C 级 32m 长桥面不平整度样本,如图 2.27 所示。

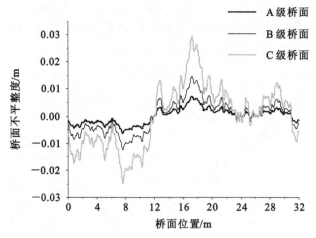

图 2.27　32m A 级、B 级、C 级桥面不平整度样本

半车作用下简支梁车-桥耦合作用模型见图 2.19。车辆参数如表 2.5 所示，桥梁参数（陈榕峰，2007）选用：简支梁跨径 32m，主梁抗弯刚度 $3.5 \times 10^{10} \mathrm{N \cdot m^2}$，单位长度质量 $5.41 \times 10^3 \mathrm{kg \cdot m^{-1}}$。

采用本书车-桥耦合振动分析方法，分别计算了 A、B 与 C 各级桥面下不同车速(40km/h、60km/h、80km/h、100km/h、120km/h)时该简支梁跨中挠度时程响应曲线及其动力放大系数，并将计算结果进行整理，与陈榕峰(2007)研究的结果进行了对比分析。各级桥面不同车速跨中挠度时程响应曲线分别如图 2.28～图 2.33 所示，可以看出：由于桥面不平整度模拟具有随机性，每次模拟出的桥面不平整度序列均不完全相同，计算结果必然会存在少量差异，但不同平整度下桥梁跨中挠度响应随车速变化趋势基本一致，说明本书方法的合理性。不平整桥面不同车速下简支梁跨中挠度动力放大系数见表 2.6，可以看出采用本书方法计算桥梁跨中挠度动力增大系数与陈榕峰(2007)研究的计算结果十分接近，最大相对误差仅为 7.8%，这说明本书方法具有良好的精度与合理性。

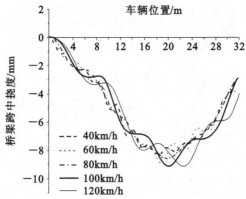

图 2.28 A 级桥面不同车速下跨中挠度时程响应曲线(本书方法)

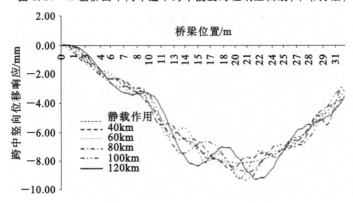

图 2.29 A 级桥面不同车速下跨中挠度时程响应曲线[陈榕峰(2007)研究方法]

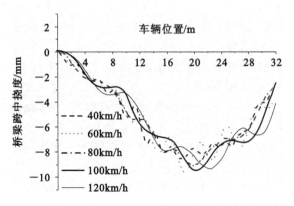

图2.30　B级桥面不同车速下跨中挠度时程响应曲线（本书方法）

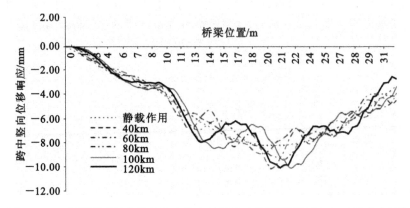

图2.31　B级桥面不同车速下跨中挠度时程响应曲线［陈榕峰（2007）研究方法］

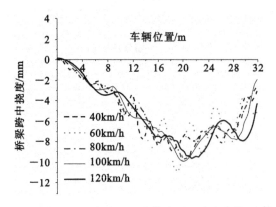

图2.32　C级桥面不同车速下跨中挠度时程响应曲线（本书方法）

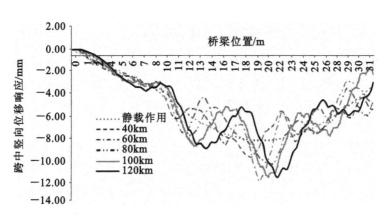

图 2.33　C 级桥面不同车速下跨中时程响应曲线[陈榕峰(2007)研究方法]

表 2.6　　　　　不平整桥面不同车速下简支梁跨中挠度放大系数对比

桥面等级	车速/(km/h)	本书方法计算结果	陈榕峰(2007)研究结果	相对误差/%
A 级桥面	40	1.03	1.06	3.2
	60	1.11	1.13	2.1
	80	1.07	1.07	0.0
	100	1.13	1.15	1.7
	120	1.12	1.14	1.7
B 级桥面	40	1.05	1.09	3.5
	60	1.19	1.23	3.4
	80	1.12	1.14	2.0
	100	1.17	1.23	4.9
	120	1.17	1.23	4.9
C 级桥面	40	1.15	1.19	3.4
	60	1.38	1.44	4.2
	80	1.21	1.26	3.8
	100	1.32	1.40	5.7
	120	1.30	1.41	7.8

2.4.4 双轴整车模型匀速通过简支板

参考 Henchi K 等(1998)研究的双轴空间车辆模型匀速通过简支板梁桥的算例,采用本书所提车-桥耦合计算方法,对不同车速下简支板梁跨中位移时程响应进行了计算,将计算结果整理后与 Henchi K 等(1998)研究的分析结果对比,以验证本书方法及自编程序的正确性与精度。

桥梁模型为一矩形简支板梁桥(图 2.34),计算跨径 $L=32\mathrm{m}$,桥宽 $b=8\mathrm{m}$,板厚 $h=0.8\mathrm{m}$。桥梁材料属性参数:弹性模量 $E=3.0\times10^{10}\mathrm{N}\cdot\mathrm{m}^{-2}$,密度 $\rho=350\mathrm{kg}\cdot\mathrm{m}^{-3}$,泊松比 $\nu=0.2$,不考虑桥梁阻尼与桥面不平整度的影响。

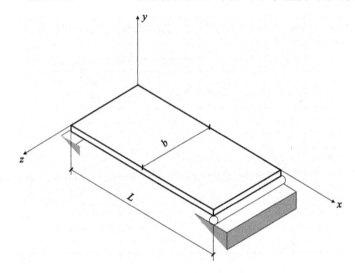

图 2.34　矩形简支板梁桥

车辆为空间 7 个自由度双轴车辆模型,如图 2.35 所示,车辆模型技术参数详见表 2.7,车辆沿桥梁纵轴线分别以 8m/s、20m/s、40m/s 与 80m/s 的速度匀速行驶。

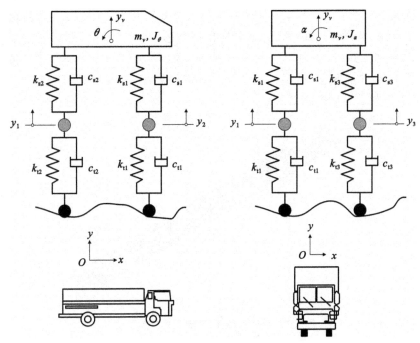

图 2.35　7 个自由度三维空间车辆模型

表 2.7　　　　　　　　　　　　空间双轴车辆模型技术参数

技术参数	参数取值
悬架刚度系数 k_{s1}、k_{s2}、k_{s3}、k_{s4}/(N·m^{-1})	3.99×10^5
悬架黏滞阻尼系数 c_{s1}、c_{s2}/(kg·s^{-1})	23210
悬架黏滞阻尼系数 c_{s3}、c_{s4}/(kg·s^{-1})	5180
轮胎刚度系数 k_{t1}、k_{t2}、k_{t3}、k_{t4}/(N·m^{-1})	3.51×10^5
轮胎黏滞阻尼系数 c_{t1}、c_{t2}、c_{t3}、c_{t4}/(kg·s^{-1})	800
前轴轮对质量 m_1、m_2/kg	800
前轴轮对质量 m_3、m_4/kg	710
车体质量 M_v/kg	1460
车体点头刚度 J_θ/(kg·m^2)	1516
车体侧滚转动刚度 J_a/(kg·m^2)	449
x 向前轴-重心间距 a_1/m	0.931
x 向后轴-重心间距 a_2/m	1.729
y 向车轴-重心间距 b_1、b_2/m	0.75

采用本书所提车-桥耦合振动方法对其进行建模分析,桥梁有限元模型如图 2.36所示。分别计算桥梁与车辆的自振频率,与 Henchi K 等(1998)研究的计算结果对比如表 2.8 所示。可以看出将桥梁理想化为简支梁的方法只能近似描述桥梁的低阶振型,本书方法计算得到的桥梁与车辆自振频率与 Henchi K 等(1998)研究所得结果大致相当。

图 2.36 简支板梁桥三维板壳有限元模型

表 2.8   **车辆与桥梁自振频率**

桥梁模型自振频率				车辆模型自振频率		
频率序号	Henchi K 等 (1998) 研究结果	理论解	本书结果	频率序号	Henchi K 等 (1998) 研究结果	本书结果
f_1	0.52	0.5245	0.5248	f_1	2.310	2.5313
f_2	2.16	2.0980	2.1000	f_2	2.780	2.9839
f_3	—	4.7205	4.7269	f_3	2.978	3.0856
f_4		8.3920	7.9172	f_4	4.954	5.0247
f_5	—	13.1125	8.4065	f_5	5.940	6.4022
f_6	—	18.8820	13.1382	f_6	6.810	8.1854
f_{20}	93.33	209.8001	88.084	f_7	7.960	8.5261

注:桥梁自振频率理论解是将桥梁理想化为简支梁,采用简支梁自振频率计算公式 $f_i = \dfrac{i^2 \pi}{2l^2} \sqrt{\dfrac{EI}{\rho A}}$
    $(i=1,2,3,\cdots,n)$。

图 2.37～图 2.40 分别为不同车速(8m/s、20m/s、40m/s 与 80m/s)下简支板跨中位置处的竖向位移(挠度)时程响应曲线。图 2.41 为不同车速条件下,简支板梁桥跨中位置处挠度时程曲线比较。可以看出:本书计算结果与 Henchi K 等(1998)研究的结果基本吻合,表明本书所提出的车-桥耦合振动计算方法正确可靠,且精度较高,能满足车桥振动分析的需求。

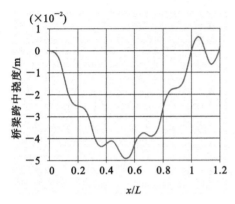

图 2.37 8m/s 桥梁跨中挠度时程响应曲线

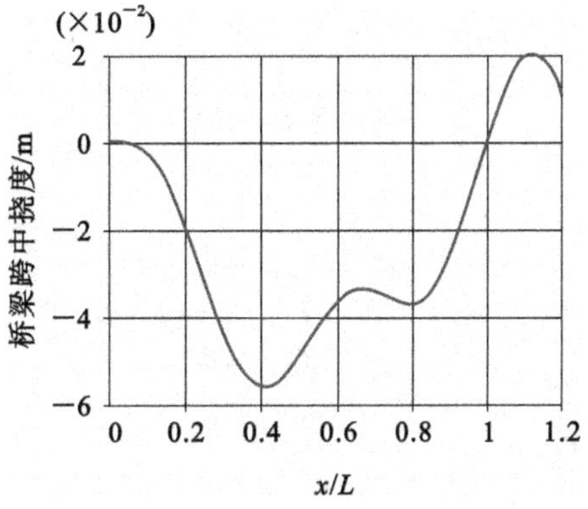

图 2.38 20m/s 桥梁跨中挠度时程响应曲线

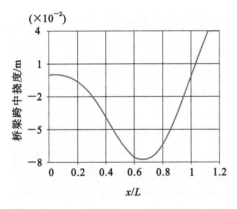
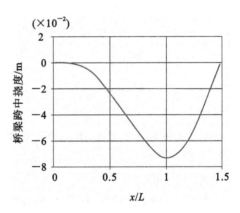

图 2.39 40m/s 桥梁跨中挠度时程响应曲线

图 2.40 80m/s 桥梁跨中挠度时程响应曲线

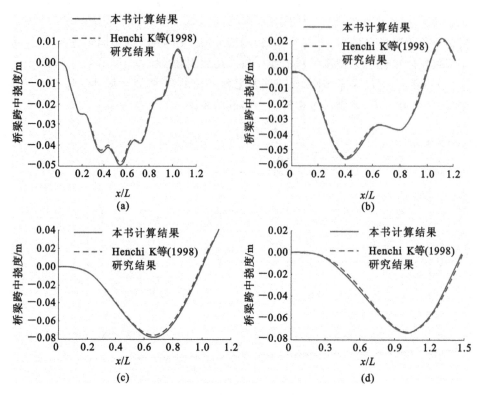

图 2.41　不同车速下桥梁跨中挠度时程响应对比

(a) 车速 8m/s；(b) 车速 20m/s；(c) 车速 40m/s；(d) 车速 80m/s

2.5　本章小结

　　本章在阐述常见车-桥耦合振动数值分析方法的基础上，结合 ANSYS 软件，介绍了三种简化车-桥耦合振动模型（移动力、移动质量与移动质量-弹簧）的 ANSYS 实现方法。在此基础上，结合分离法原理与车辆动力学理论，提出了基于 ANSYS 的车-桥耦合振动数值分析新方法。在 ANSYS 软件环境中分别建立车辆简化多刚体有限元模型与桥梁（主梁采用梁单元或板单元）弹性体有限元模型，采用约束方程建立任意时刻车轮与桥面间的位移协调关系，基于 ANSYS 瞬态动力学分析功能，利用 APDL 语言编程实现了车辆过桥的耦合振动分析。该方法充分利用了大型通用有限元软件 ANSYS，避免了传统车-桥振动方程推导的烦琐性，同时避免了分离法中车-桥系统之间的迭代求解，计算效率大大提高,适用于各种结构体系桥梁的车-桥耦合振动问题。

采用本书方法分别对1/4车辆模型匀速通过简支梁、双轴半车模型匀速通过简支梁、考虑桥面不平整度时的车-桥耦合振动、双轴整车模型匀速通过简支板等4种不同车-桥耦合模型进行了计算求解,并与前人研究的分析结果进行了定量对比。光滑桥面下(不考虑桥面不平整),无论是车辆位移响应还是桥梁位移响应,本书方法计算结果与前人研究的分析结果十分吻合,验证了本书方法的正确性与精确性。考虑桥面不平整度时,由于桥面不平整度样本的随机性,本书方法计算结果与前人研究的结果有一定差别,但不同平整度下桥梁跨中挠度响应随车速变化趋势基本一致,且桥梁跨中挠度动力放大系数计算结果与前人研究的结果差别较小,说明本书方法的合理性,可以应用其对公路桥梁车-桥耦合振动相关问题进行分析与研究。

3 基于 ANSYS 的公路桥梁车-桥耦合振动分析模块开发

基于本书前文提出的公路桥梁车-桥耦合振动响应数值计算方法,联合 ANSYS软件的 APDL 与 UIDL 二次开发语言,开发了基于 ANSYS 平台的车-桥耦合振动分析模块 VBCVA(vehicle-bridge coupling vibration analysis)。该模块采用图形用户界面接收用户输入,且仅需要输入桥梁模型、车道参数、车辆参数(车流参数)、桥面不平整度等相关数据,即可计算出桥梁结构的动力响应与相应位置处的冲击系数,大大提高了车-桥耦合振动分析的效率,方便工程人员掌握与应用。最后,应用已开发的车-桥耦合振动模块 VBCVA 对实际桥梁进行计算,并与实桥动载试验数据进行对比,验证了模块的正确性与适用性。

3.1 ANSYS 及其二次开发工具

ANSYS 软件集成了力学、热学、电学、流体等多个模块,已被广泛应用于汽车、土木工程、生物医学以及冶金与成形等各个领域(博弈创作室,2004,2005;师访,2012;龚曙光等,2009)。

ANSYS 由于其程序的通用性与仿真的可靠性,在各类工程领域与科学研究方面均有大量的应用。其广泛而有效的分析工具能解决结构、流体、热、电磁等各类问题,同时 ANSYS 软件还具有良好的开发性与定制性,为高级用户提供了多种二次开发工具和途径,ANSYS 二次开发工具包括 APDL(ANSYS 参数化设计语言)、UIDL(用户界面设计语言)、UPFs(用户可编程特性)与 ANSYS 数据接口,使用这些工具可以建立新的材料模型(弹塑性、非线性弹性、黏弹塑性、蠕变、超弹等各种材料模型)、创建新的满足特定分析需求的单元类型、定义摩擦准则、进行参数化建模、实现优化设计分析、建立符合用户专业需求的 ANSYS用户界面等(张权等,2013;李斌等,2008;王桂萱等,2013;吴鹏等,2004;梁克鹏,2010)。

3.1.1　APDL 参数化设计语言

APDL 为 Ansys Parametric Design Language 的简写,即 ANSYS 参数化设计语言,其是一种类似 FORTRAN 的计算机脚本语言,提供一般程序设计语言的功能,如参数、标量、向量及矩阵运算、分支、选择、重复、宏(子程序),以及访问 ANSYS 有限元数据库等,同时还提供了简单界面定制功能,实现参数交互式输入方式、消息机制、界面驱动和运行应用程序等功能。

APDL 语言主要由参数、表达式与函数、流程控制及宏 4 部分组成,其各部分组成及功能描述详如表 3.1 所示。

表 3.1　　　　　　　　　　　　　　APDL 语言组成及功能

项目	组成	使用方法与功能描述
参数	参数分为变量与数组两大类。变量参数有数值型和字符型两类;数组参数包括数值型、字符型和表型	在 APDL 中所有参数不需要声明其类型,数值型参数无论实型还是整型,都按照双精度进行存储。表型数组为特殊的数值型数组,允许自动进行线性插值运算
表达式与函数	表达式由数字、参数与各种运算符等组成,可以进行字符与数值运算;APDL 提供了大量丰富的各类函数,包括内嵌提取函数、信息查询函数与 ANSYS 内部函数等	利用函数可灵活方便地提取数据库、变量中的相关信息,可显著增强程序功能,并降低复杂程序设计的难度
流程控制	与其他程序设计语言类似,APDL 语言提供了顺序、选择、循环三类常用程序控制语句结构	利用流程控制可以实现复杂程序设计,大大增强 APDL 语言程序设计的功能与可实现性
宏	宏是包含一系列 ANSYS 命令并且后缀为.MAC 或.mac 的命令文本文件	宏文件功能类似于一般程序设计语言中的子程序,通过将一系列 ANSYS 命令进行合理组织,以实现某种有限元分析或其他算法功能,其对高级有限元分析功能的实现具有不可替代的作用。以.mac 为扩展名的宏文件可以当作 ANSYS 命令使用,可以带有宏输入参数与内部变量,也可以直接在宏内部引用总体变量,此外宏还可以调用 GUI 函数或把值传递给参数。宏文件可以相互嵌套调用,且最多允许嵌套 20 层

续表

项目	组成	使用方法与功能描述
宏库	当某一分析中需要使用多个宏文件,可以将这些宏文件放于一个文件中,称之为宏库文件	宏库文件没有明确的文件扩展名,文件的命名规则与宏文件一样。宏库文件中,每一个宏的开始处都有一个宏名,并以一个/EOF 命令结束

3.1.2 UIDL 用户界面设计语言

UIDL(user interface design language)即用户界面设计语言,是 ANSYS 为用户提供的专门进行程序界面设计的二次开发语言,允许用户对 ANSYS 软件图形界面中的一些组项进行更改与开发,提供了一种允许用户灵活使用、组织设计 ANSYS 图形界面的强有力的工具。

用 UIDL 语言编写的程序文件称为控制文件,必须以".GRN"为扩展名,它可在 ANSYS 原有的菜单中添加自己设定的菜单项与命令项。UIDL 控制文件由一个控制文件头和一系列 Building Block 构造块构成,每个构造块是一系列 UIDL 命令(对应 1 个 GUI 元件),构造块分为菜单块、功能块与帮助块三大类。

UIDL 控制文件结构如图 3.1 所示。

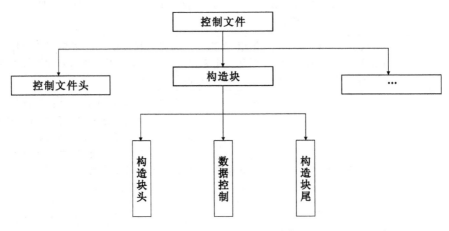

图 3.1 UIDL 控制文件结构

(1) 控制文件头结构。

控制文件头包括许多固定的 UIDL 命令,它们定义了控制文件的相关 GUI

信息,要求每条命令行不得超过 80 个字符。控制文件头命令必须以冒号(:)开头,典型的控制文件头如下所示:

:F　　　UIMENU.GRN

:D　　　Modified on %E%,Revision(SID)=%I%

:I　　0,　　0,　　0

:!

UIDL 控制文件头部分说明:

① 控制文件头第一行必须有:F Filename,其中 Filename 是 UIDL 控制文件名。

② 第二行必须有:D Description,Description 表示本控制文件的相关说明,可根据需要进行输入。

③ :I 行描述了 GUI 的位置信息,每个 0 必须出现在第 9、18、27 列,在编译控制文件过程中 ANSYS 会对其进行修改。

④ :! 是分隔标记,可有可无,但为了增加程序的可读性,建议在控制文件末尾加入此行,以与后续结构块相区分。

(2) 构造块结构。

构造块综合了菜单、命令信息以及帮助文件信息,是整个 UIDL 控制文件的核心,按照其功能不同可以分为菜单构造块、命令(功能)构造块与帮助构造块。构造块主要由构造块头部分、数据控制部分与构造块尾部分 3 大块组成。

(3) UIDL 开发过程。

在进行 UIDL 开发时,ANSYS 为用户提供了方便的操作方法,以下为 ANSYS 13.0 环境下进行开发的相关说明。

当 ANSYS 软件被启动时,软件首先会在 ANSYS 安装目录下的\Ansys Inc\ v130 \ ansys \ gui \ en-us\ UIDL 文件夹中寻找 menulist130. ans 文件。ANSYS 所有 GUI 控制文件目录信息都被包含在了 menulist130. ans 文件中,ANSYS 程序会调用其指向的 UIDL 控制文件。因此,首先需对 menulist130. ans 文件进行修改,使其指向用户建立的 GRN 控制文件即可实现调用自己定制的 GUI 界面。

在 ANSYS 安装目录下的\Ansys Inc\v130\ansys\gui\en-us\UIDL 文件夹中有 UIMENU. GRN、UIFUNC1. GRN、UIFUNC2. GRN 等 ANSYS 默认控制文件,为了避免由于用户修改控制文件而导致 ANSYS 不能启动,用户不要对系统控制文件进行任何改动。在进行 UIDL 界面设计时,用户可分别建立自己的菜单控制文件 NEWMENU. GRN 与命令控制文件 NEWFUNC. GRN,并新建文件夹后将新建控制文件保存进去。ANSYS 每次调用.GRN 控制文件时,会对控制文件中的:I 与:S 占位索引行进行位置编码,并在控制文件末尾加入:X 索引行与控制文件中所有构造块的位置信息。对经过索引的控制文件进行修改后,必须将索引行位置信息恢复为 0,并放置在正确位置上。为此,每次在进行控制文件内容修改时,应对自建文件夹下的 GUI 控制文件进行修改,而后将其拷贝到 menulist130.ans 文件中指定的相应控制文件位置进行替换,这样可不必进行控制文件占位索引行信息的修改,提高程序开发效率。

利用 UIDL 进行图形用户界面开发的主要步骤如下。

步骤 1:在 ANSYS 安装目录下的\Ansys Inc\v130\ansys\gui\en-us\UIDL 文件夹中分别建立用户菜单控制文件 NEWMENU.GRN 与用户功能控制文件 NEWFUNC.GRN,并对其进行编辑与相应内容的填写。

步骤 2:在当前目录下新建子文件夹,将步骤 1 中 NEWMENU.GRN 与 NEWFUNC.GRN 控制文件拷贝到新建子文件夹内。

步骤 3:在 ANSYS 安装目录下的\Ansys Inc\v130\ansys\gui\en-us\UIDL 文件夹中找到 menulist130.ans 文件,在其中加入两指针,分别指向当前目录下的两新建控制文件 NEWMENU.GRN 与 NEWFUNC.GRN。

步骤 4:启动 ANSYS,可看到新增或修改后的 GUI 界面菜单。如要增加或修改菜单,可直接在步骤 2 中新建子文件夹内对 NEWMENU.GRN 与 NE-WFUNC.GRN 两控制文件进行编辑与修改,而后将其复制到 ANSYS 安装目录下的\Ansys Inc\v130\ansys\gui\en-us\UIDL 文件夹中,并替换相应的文件。

通过以上 4 个步骤即可实现对 ANSYS 图形用户界面的开发,用户可根据自己分析任务的要求,开发出美观易用的 ANSYS 交互式图形用户界面,实现分析过程的可视化,从而简化分析流程,便于相关工程分析人员掌握与应用。

3.1.3 APDL 与 UIDL 混合编程

采用 APDL 参数化设计语言可以编制参数化分析宏文件,实现有限元分析的批处理化与自动化;采用 UIDL 用户界面设计语言可以修改与定制 ANSYS 主菜单与菜单项、对话框等 GUI 控件,实现交互式分析操作过程,大大提高有限元分析的效率。联合 APDL 与 UIDL 语言(混合编程),即利用 APDL 编写功能命令流宏文件以实现特定建模、分析、结果处理任务,采用 UIDL 构建主菜单与菜单项、对话框与拾取对话框等 GUI 控件,并将功能宏文件嵌入各 GUI 控件内,以实现图形用户级别上的有限元分析过程,可极大地提高分析效率,降低分析难度。UIDL 与 APDL 语言联合编程的实现流程如图 3.2 所示,具体实现步骤如下。

(1)采用 APDL 编制各功能(建模、求解、结果处理)实现命令流程序,利用 ANSYS 宏文件技术组织管理各 APDL 命令流程序,得到各功能宏文件。

(2)采用 UIDL 语言定制用户菜单、菜单项与对话框等各类 GUI 控件,并依据程序实现机理与数据传递流程,在各个 GUI 控件中添加已编制功能宏命令文件,以调用宏文件,从而实现对 APDL 程序的封装。

(3)宏命令文件执行结果通过 UIDL 语言提取输出到相应对话框或文件中,以实现运行结果的可视化提取与批量化操作,提高对特定问题进行有限元分析的效率。

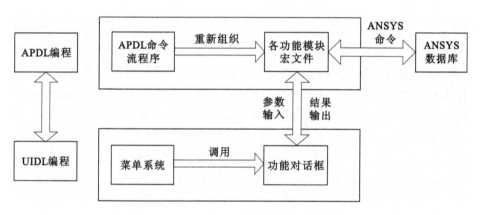

图 3.2　APDL 与 UIDL 混合编程实现流程

3.2　基于 ANSYS 平台的车-桥耦合振动模块开发

近年来,为了满足国民经济快速发展的需要,车辆高速、重载化趋势进一步增强,公路桥梁车-桥耦合振动现象日益突出,已成为制约桥梁结构安全的重要考虑因素。但车-桥耦合振动分析复杂,程序设计难度较大,为便于分析的实现,基于 ANSYS 平台,采用 APDL 与 UIDL 语言联合开发了公路车-桥耦合振动分析模块 VBCVA,从而实现车-桥耦合振动分析的可视化操作,方便了车-桥耦合振动分析,为进一步开展车-桥耦合振动深入研究奠定了基础。

3.2.1 VBCVA 模块主要功能

本模块采用图形用户界面接收用户参数输入与相关控制选项设置,交互式的车-桥耦合振动分析方式,使复杂的车-桥分析问题变得简单。本模块可用于计算分析公路桥梁车-桥耦合振动响应,可输出车辆荷载作用下桥梁任意位置处(任意截面处)位移、应力、内力等响应的动态时程变化曲线,为桥梁结构在车辆荷载作用下的动力冲击问题研究提供理论依据,该模块现已经具备以下功能。

(1)可实现对复杂桥梁结构车-桥耦合振动的分析:采用梁单元或板单元对桥梁结构进行模拟,适用于宽桥、桁架桥、斜拉桥等空间效应较强的复杂桥梁结构的车-桥耦合振动分析。采用板单元时可提取桥梁局部振动响应(位移、应力)动态变化曲线,能够实现对桥梁局部振动响应的分析与研究。

(2)支持4种平面与空间车辆模型:包括平面双轴4个自由度车辆、平面三轴5个自由度车辆、空间双轴7个自由度车辆与空间三轴9个自由度车辆,各类车辆模型的质量(车体、车轮与悬架)、阻尼(悬架与车轮)、刚度(悬架与车轮)、轴距、轮距等参数均可以由用户根据需要进行调整输入,以实现深入开展车辆参数变化对车-桥耦合振动影响的分析研究。

(3)支持考虑桥面不平整度的车-桥耦合振动分析:可分别对不同车道输入A、B、C、D、E等5级不同路面不平整度样本,分析桥面不平整度对车-桥耦合振动的影响,亦可考虑桥梁局部凹陷对车-桥耦合振动的影响。

(4)支持考虑内、外车道车速的差异:通过不同车道车速的设置,实现内、外不同车道车辆运行速度的不同,可以分析不同车速下桥梁各构件的动态响应及相应冲击系数的变化规律。

(5)可考虑不同车道车辆非匀速行驶工况:通过在不同车道上设置车辆运行初始速度与加、减速度后,可模拟不同车道车辆不同加、减速运行工况,实现车辆加、减速下的车-桥耦合振动分析。

(6)可模拟不同车道多车辆同向行驶、对向行驶等多种车辆行驶工况:通过车道方向(往、反方向)的设定,实现不同车道车辆行驶方向的不同,以模拟实际桥梁上往、返车道车辆运行的情形。

(7)可计算车辆、桥梁任意位置处的位移、速度、加速度、内力、应力等响应参数的时程变化曲线,并可获取用户指定位置处的相应响应量值冲击系数,便于对冲击系数的深入分析与研究。

(8)计算分析选项:本功能模块具有两大类分析功能,其一,可计算移动车辆作用下车-桥耦合振动动态响应;其二,可进行不考虑时间效应时移动车辆作用下(相当于轴载)桥梁结构的静态效应分析。

VBCVA 模块具体功能汇总如图 3.3 所示。

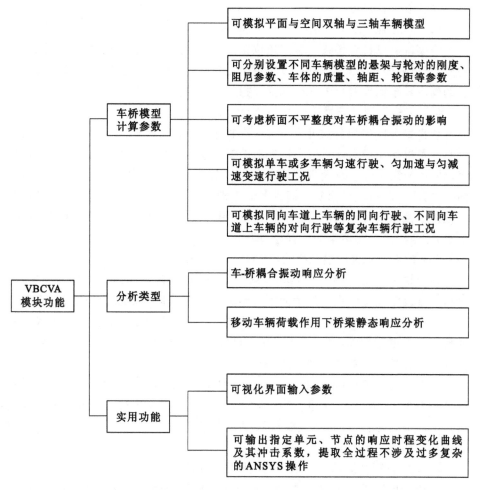

图 3.3　VBCVA 模块功能汇总示意图

3.2.2　VBCVA 模块组成

为实现 VBCVA 模块车-桥耦合振动分析功能,基于模块化编程思想,结合 ANSYS 软件分析流程及 APDL 二次开发语言编程特点,将整个 VBCVA 模块分为 6 个子功能模块,各子功能模块名称及其功能描述如下。

（1）桥梁有限元模型导入及参数设定模块（VBCVA_Bridge）。

该模块主要实现桥梁有限元模型的导入功能，并对桥梁车道数量、桥梁长度等相关参数进行设定。

（2）车道信息设定模块（VBCVA_Lanes）。

该模块可以设定桥梁上各车道位置（车道中心起、终点）、车道方向（往、返方向）与车道桥面不平整度等级，以实现车道定位，为相应车道上车辆模型初始位置的确定及车辆模型行驶轨迹提供了相关数据与控制参数。

（3）车辆模型设定模块（VBCVA_Vehicles）。

该模块可以添加各类车辆模型（双轴平面、空间车辆或三轴平面、空间车辆），并可根据用户需要设定车辆模型的振动参数（车体质量、悬架刚度和阻尼、车轮刚度与阻尼等）；车辆模型行驶方向与车道相关联，可实现车辆的同向与对向行驶；同一车道上可添加1辆或多辆车辆模型，以实现车流的模拟；可以对已生成车辆模型进行编辑与删除操作，方便用户操作；可列表显示车道车辆（车流）信息，方便用户对车道车辆位置与类型的了解。

（4）桥面不平整度模拟模块（VBCVA_DeckRoughness）。

该模块可以生成A级、B级、C级、D级与E级常见桥面不平整度样本，与车道信息设定模块中设定的桥面不平整度等级相关联，以实现考虑桥面不平整度的车-桥耦合振动分析功能。在该模块中，用户还可以根据需要自行生成与修改桥面不平整度样本数据，以考虑桥面局部凹陷等对车-桥耦合振动的影响。

（5）求解分析模块（VBCVA_Solution）。

该模块可设定求解类型，指定相应杆件或节点结果项（内力、位移、应力时程或冲击系数）的输出，并可进行积分时间步长、求解时间等相关求解选项的调整与设定。最后，用户可利用该模块调用车-桥耦合振动求解宏文件进行车-桥耦合振动问题的求解计算。

（6）车-桥耦合振动分析结果处理模块（VBCVA_Result）。

该模块提供了车-桥耦合振动分析结果的提取与处理功能。在该模块下，用户可方便地采用图形或列表的方式展现所需考察单元、节点的内力、应力、位移等响应变化，并可直接输出各响应的动力冲击系数，为车-桥耦合振动研究提供数据基础。

VBCVA模块系统组成及功能描述详见图3.4。

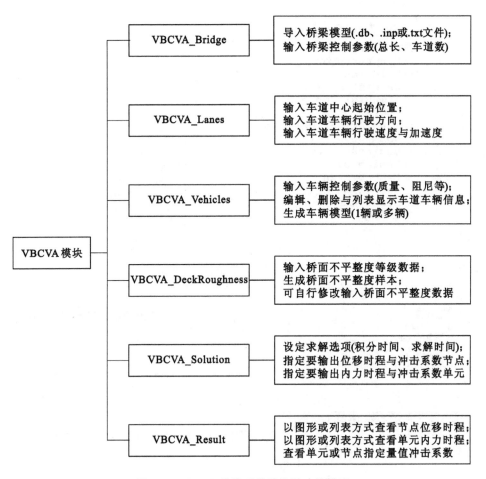

图 3.4 VBCVA 模块系统组成及功能描述

3.2.3 模块使用方法

VBCVA 模块是基于大型通用有限元软件 ANSYS 平台开发的公路桥梁车-桥耦合振动分析模块,其运行环境需依托 ANSYS 软件,图 3.5 为 ANSYS 软件环境下 VBCVA 模块总体样式图。下面结合 VBCVA 模块系统各子功能模块的菜单样式及相关 GUI 控件详细说明各子模块的使用方法与使用注意事项。

(1) VBCVA_Bridge 子模块。

此子功能模块主要用于导入生成桥梁结构有限元模型与设定桥梁模型相关参数,其模块展开子菜单项及对话框如图 3.6 所示。

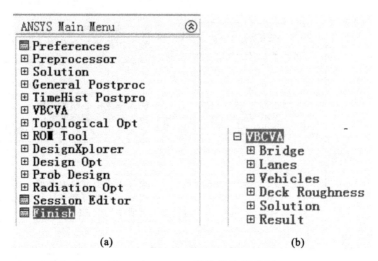

图 3.5 VBCVA 模块总体样式图

(a) VBCVA 模块位置;(b) VBCVA 功能模块列表

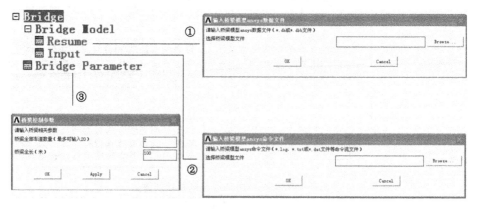

图 3.6 VBCVA_Bridge 模块子菜单及对话框

VBCVA_Bridge 模块的使用步骤方法如下。

步骤 1:在 Bridge Model 子菜单下,执行 Resume 命令打开对话框①,通过输入桥梁结构 ANSYS 模型数据文件(.db 或.dbb 文件)生成桥梁有限元模型;或执行 Input 命令打开对话框②,通过输入桥梁结构 ANSYS 模型命令流文件(.txt、.log 或.dat 文件)生成桥梁有限元模型。

步骤 2:在 Bridge 菜单下,执行 Bridge Parameter 命令打开对话框③,输入桥梁车道数与桥梁全长,且车道数目最大不应大于 20。

（2）VBCVA_Lanes 子模块。

图 3.7 为 VBCVA_Lanes 模块展开子菜单及其对话框，此模块用来设置车道位置、速度、车道往返方向与车道桥面不平整度等车道参数，并提供已设置车道参数的列表显示功能。

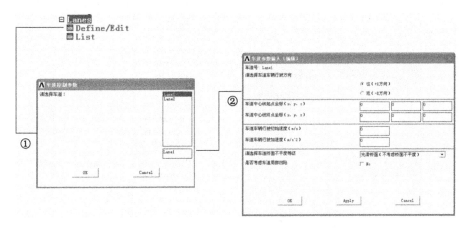

图 3.7　VBCVA_Lanes 模块子菜单及对话框

VBCVA_Lanes 模块的使用步骤方法如下。

步骤 1：在 Lanes 子菜单下，执行 Define/Edit 命令打开对话框①，选择将要设置或编辑的车道，单击"OK"按钮后弹出对话框②，设定车道中心起点、终点坐标与车道速度、加速度等相关参数，并可考虑桥面不平整度与桥梁局部凹陷等影响车-桥耦合振动的因素。

步骤 2：在 Lanes 子菜单下，执行 List 命令可对已经定义的车道参数进行列表查看，检查车道参数设定的正确性。

（3）VBCVA_Vehicles 子模块。

图 3.8 为 VBCVA_Vehicles 模块展开子菜单及其部分对话框，此模块用来生成车道对应简化车辆（车流）有限元模型，并可对各车道车辆信息进行修改、删除与列表显示，生成所需的车辆（车流）信息。

VBCVA_Vehicles 模块的使用步骤方法如下。

步骤 1：在 Vehicle Models 子菜单下，执行 Add 命令打开对话框①，选择车道与车辆类型（此处以平面双轴车为例进行说明，具体车辆模型示意图与车辆APDL 宏文件详见附录 B），并输入车辆起始位置与车辆中心横向距车道中心距离，单击"OK"按钮后弹出对话框②，进一步设定车辆相关几何与物理参数，最终确定车辆动力学参数，形成车辆或车流（多车辆）信息数据。

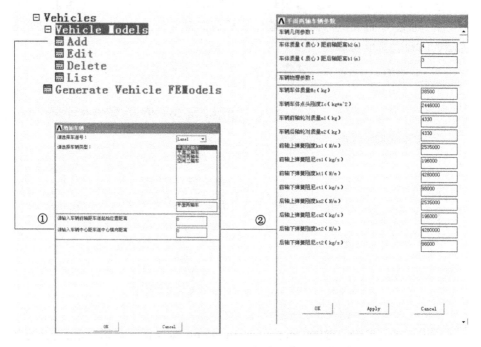

图 3.8　VBCVA_Vehicles 模块子菜单及对话框

步骤 2：利用 Edit、Delete 与 List 命令可对已经生成的车辆（车流）信息数据中的车辆模型进行修改、删除与列表显示等的操作，以便根据用户需要，生成满足特定分析需求的车辆或车流信息。

步骤 3：通过步骤 1 与步骤 2 的操作，生成满足分析需求的车辆或车流信息后，在 Vehicle Models 子菜单下执行 Generate Vehicle FEModels 命令，即可在 ANSYS 环境下生成相应简化车辆有限元模型。

（4）VBCVA_DeckRoughness 子模块。

VBCVA_DeckRoughness 模块通过定义桥面不平整度参数，可生成 5 级桥面不平整度样本数据，并可进行桥面不平整度样本的图形与列表输出；内置了圆弧线、二次抛物线与三角函数曲线等 3 种桥面局部凹陷类型，并提供局部凹陷曲线的自定义功能，图 3.9 为 VBCVA_DeckRoughness 模块展开子菜单及其部分对话框。

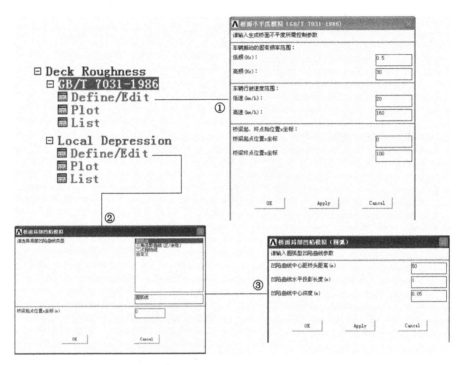

图 3.9　VBCVA_DeckRoughness 模块子菜单及对话框

VBCVA_DeckRoughness 模块的使用步骤方法如下。

步骤 1：在 Deck Roughness 菜单下点击 GB/T 7031—1986 子菜单，执行 Define/Edit 命令打开对话框①，输入车辆振动固有频率范围、车速范围与桥梁起点、终点坐标等相关参数，即可生成桥面不平整度样本，为考虑桥面不平整度的车-桥耦合振动分析提供不平整度样本数据。

步骤 2：在 Local Depression 子菜单下，执行 Define/Edit 命令打开对话框②，选择局部凹陷曲线类型并输入桥梁起点纵向坐标（此处以圆弧线为例进行说明，其余凹陷类型可根据要求输入相关参数，操作过程类似），单击"OK"按钮后弹出对话框③，输入局部凹陷曲线水平投影长度、中心深度等特征参数，即可生成桥面局部凹陷数据。

步骤 3：在生成的桥面不平整度与桥面局部凹陷数据后，可对其进行图形与列表显示，如图 3.10 所示。在 GB/T 7031—1986 子菜单下，执行 Plot 命令打开对话框①，选择要显示的不平整度等级，可对步骤 1 生成的桥面不平整度样本进行图形显示；执行 List 命令打开对话框③，可对步骤 2 生成的桥面不平整度样本进行列表显示。桥面局部凹陷图形与列表显示操作过程相同。

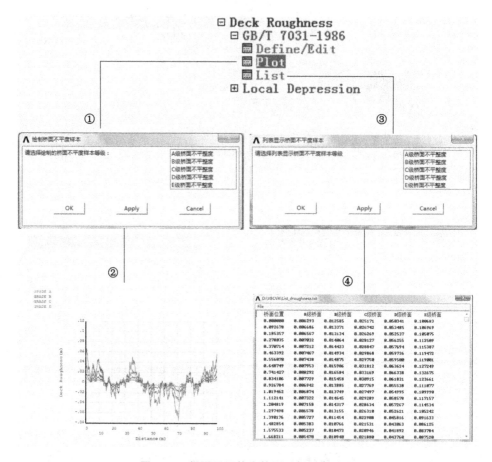

图 3.10 桥面不平整度的图形与列表显示

（5）VBCVA_Solution 子模块。

VBCVA_Solution 是 VBCVA 求解子模块，包括 Analysis Type、Results Output、Solution 共 3 个功能子菜单，依次对其进行设置可以完成相应分析。

① Analysis Type 功能子菜单。

图 3.11 为 Analysis Type 功能子菜单及其对话框，执行 New Analysis 命令弹出对话框①，可选择如下分析类型：

a. 车-桥耦合振动分析类型——可直接输出指定杆件或节点结果项的冲击系数与时程响应曲线；

b. 移动车辆模型动态效应分析——考虑时间积分效应，计算车辆过桥全过程的动态响应；

c.移动车辆模型静态效应分析——不考虑时间积分效应,计算车辆过桥全过程的静态响应。

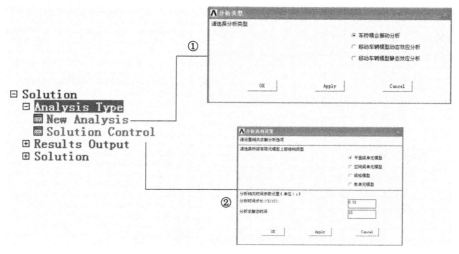

图 3.11　Analysis Type 功能子菜单及对话框

② Results Output 功能子菜单。

图 3.12 为 Results Output 功能子菜单展开菜单项及其对话框,执行 Settings 命令打开对话框①,可设置输出时程响应结果项与冲击系数结果项数目。Response History 菜单项包含 Add、Edit/Delete 与 List 三个命令,执行 Add 命令打开对话框②,可通过选择设定车-桥耦合振动时程响应输出结果项,Edit/Delete 与 List 命令可对设定的车-桥耦合振动时程响应输出结果项进行更改、删除与列表显示。Impact Coefficient 菜单项展开结构与 Response History 菜单项类似,其主要用来指定车-桥耦合振动冲击系数输出结果项。注意:此功能子菜单仅在分析类型为车-桥耦合振动分析时显示,其他分析类型不作显示。

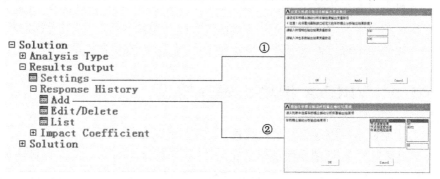

图 3.12　Results Output 功能子菜单及对话框

③ Solution 功能子菜单。

图 3.13 为 Solution 功能子菜单展开菜单项及其对话框,执行 Result File Name 命令,弹出对话框①,可指定分析结果文件名;执行 Solve 命令,同时弹出对话框②与对话框③,对话框②显示了当前分析车道与车辆信息,核对无误后可点击对话框③中的"OK"按钮,进行求解分析计算。

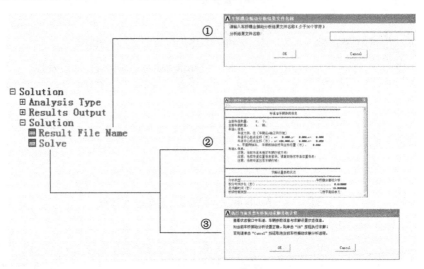

图 3.13　Solution 功能子菜单及对话框

（6）VBCVA_Result 子模块。

VBCVA_Result 子模块是结果后处理模块,其包括 TimeHist Results 与 VBCVA Results 菜单项。TimeHist Results 菜单项为 ANSYS 自身的时间历程后处理器,可对分析计算结果的时间历程进行图形与列表显示,并可根据需要进行相应运算;VBCVA Results 菜单项为车-桥耦合振动分析类型结果菜单项,仅在分析类型为车-桥耦合振动时显示,其可用来将在 Results Output 功能子菜单中定义的时程与冲击系数结果项进行列表或图形显示输出,以便于我们对车-桥耦合振动结果进行提取与进一步处理操作,提高车-桥耦合振动分析的效率。

3.3　VBCVA 模块正确性验证

为了验证 VBCVA 模块的正确性,采用本模块分别对本书第 2 章 2.4.1～2.4.4 中算例的车-桥耦合振动模型进行计算,计算结果与本书前述计算结果完全一致,从而验证 VBCVA 模块的正确性与可靠性。同时,结合实际桥梁工程动载试验,使用 VBCVA 模块对其跑车工况进行仿真模拟,将相应桥梁响应计算结果与实测结果进行对比分析,以进一步验证本模块的正确性与合理性。

3.3.1 桥梁工程概况

某三跨中承式钢筋混凝土拱桥,主桥跨度为 25.5m+76m+25.5m,主拱矢高 20m,拱轴线为悬链线,拱轴系数 $m=1.543$,净矢跨比为 1/3.6;边拱矢高 8.52m,拱轴线为圆弧线。桥面宽度:1.5m(布索区)+3.0m(人行道)+10.0m(车行道)+3.0m(人行道)+1.5m(布索区),总宽 19m。桥台采用桩柱式桥台,群桩基础。设计荷载为城-A 级,人群荷载 3.5kN/m²,设计行车速度为 40km/h。

桥梁全景照片如图 3.14 所示,大桥桥型总体布置如图 3.15 所示。主拱、边拱拱肋及横梁均采用 C50 混凝土,弹性模量为 3.45×10^4 MPa,容重为 25kN/m³;桥面板及拱座采用 C40 混凝土,弹性模量为 3.25×10^4 MPa,容重为 25kN/m³;承台基础采用 C30、C25 混凝土,容重为 25kN/m³;吊杆及系杆采用环氧喷涂钢绞线,桥面铺装为钢筋混凝土铺装+沥青混凝土,其中,钢筋混凝土铺装容重为 25kN/m³;沥青混凝土容重为 24kN/m³。

图 3.14　三跨中承式钢筋混凝土拱桥全景照

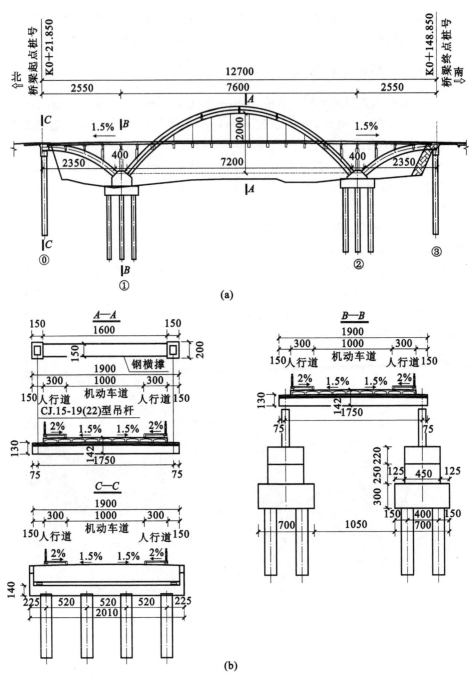

图 3.15　三跨中承式钢筋混凝土拱桥总体布置图(单位:cm)

(a) 立面图;(b) 横断面图

3.3.2　动载试验

为检验该桥的结构性能及成桥状态,对大桥进行结构静动载试验与评价。通过桥梁静载试验,可直接了解桥跨结构的实际工作状态,判断桥梁实际承载能力。动载试验包括测试桥梁结构的自振频率、振型以及相应阻尼比等自振特性,此外还要进行跑车试验、刹车试验与跳车试验,测定桥梁结构在车辆动荷载作用下的强迫振动响应与动力放大系数。本桥跑车试验采用两辆并排行驶的20t试验车辆,分别以20km/h与30km/h的车速匀速驶过桥面,测试桥梁结构在该车速下指定位置处的冲击系数。

本次桥梁荷载试验采用的主要检测及试验仪器设备见表3.2。

表3.2　　　　　桥梁荷载试验主要检测及试验仪器设备

序号	仪器	台(套)	产地	用途
1	TDS-303	1	日本	静态应变、挠度测量
2	ASW-50C	3	日本	静态应变、挠度测量
3	6M92 动态应变仪	2	日本	动态应变测量
4	DEWE-3010	2	美国	动态测试
5	加速度传感器	10	美国	动态信号响应
6	电荷放大器	5	丹麦	动态信息响应
7	机电百分表	10	中国	挠度测量
8	动态分析仪	1	美国	动态信号处理
9	回弹仪	1	中国	混凝土强度
10	数码相机	1	中国	病害记录
11	路灯车	1	中国	外观检测、测点布置
12	应变计	若干	中国	应变测量

该桥动载试验测点布置如图3.16所示,分别在3#台边拱0.4L截面I—I与主拱拱顶截面Ⅳ—Ⅳ拱肋布置动应变及动挠度测点。

(1)自振特性测试与分析。

应用桥面障碍跳车激励法进行桥梁结构的振动试验,通过拾振传感器、放大器、信号采集系统和计算机拾取并记录桥梁结构的振动响应,基于傅立叶变换的谱峰值法等数据处理方法进行振动特性参数分析。

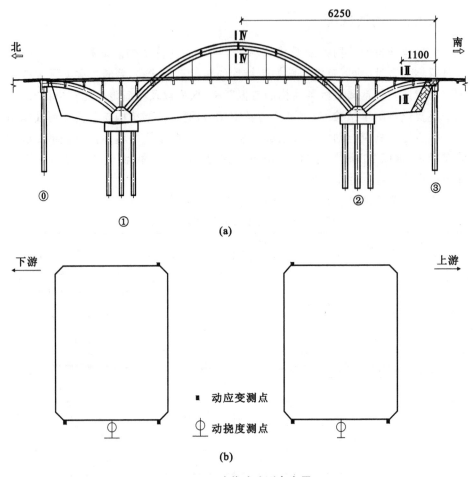

图 3.16 动载试验测点布置

（a）纵桥向测点布置断面；（b）拱肋断面测点布置

本桥试验数据处理与模态参数识别分别采用了 DESOFT 及 ICATS 两套软件来进行识别，图 3.17 为主拱跨中测点的频谱图，从中可以看出本桥前三阶自振频率分别为 2.148Hz、3.027Hz 与 3.296Hz。

（2）跑车动载试验。

动力试验荷载的确定以保证激振信号达到足够的强度为条件，采用两辆载重汽车匀速驶过全桥进行桥梁激振，以测取振动响应信号。载重汽车无障碍匀速行车工况下的主拱拱顶截面测点竖向动位移测试结果如图 3.18 所示。

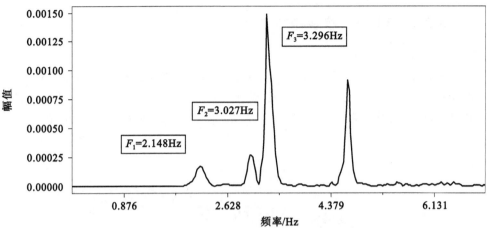

图 3.17　主跨跨中测点竖向频谱图

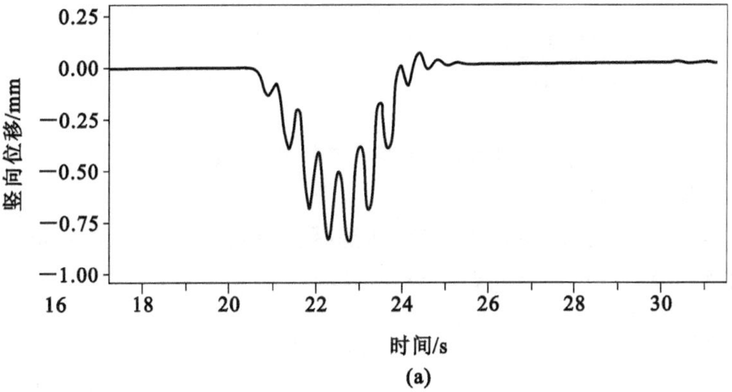

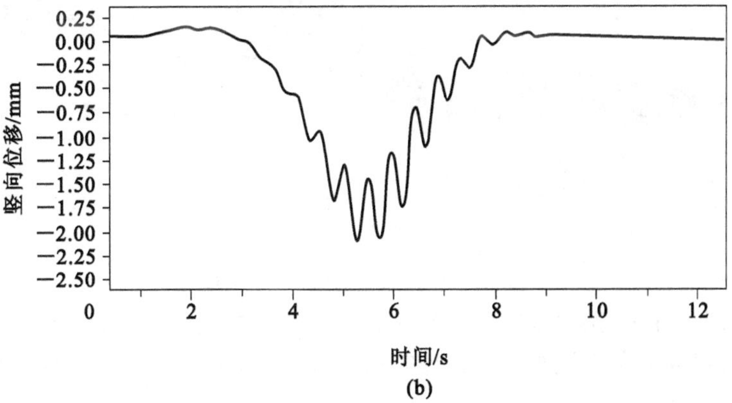

图 3.18　主拱拱顶截面测点跑车工况竖向动位移时程曲线图

(a) 20km/h；(b) 30km/h

3.3.3 VBCVA 模块跑车工况模拟

（1）有限元模型。

采用 ANSYS 软件建立了该三跨中承式钢筋混凝土拱桥空间有限元模型，其中拱肋与主梁采用空间梁单元 Beam 188，吊杆与系杆采用空间杆单元 Link 8，桥梁三维有限元模型如图 3.19 所示，全桥共划分为 2132 个单元，1386 个节点。

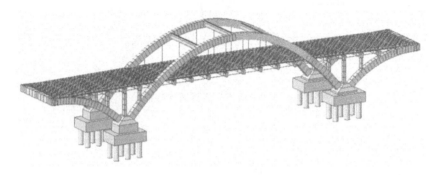

图 3.19　桥梁三维有限元模型

（2）自振特性分析。

采用 ANSYS 对该三跨中承式钢筋混凝土拱桥进行了模态分析，桥梁前三阶模态形状分别如图 3.20～图 3.22 所示。

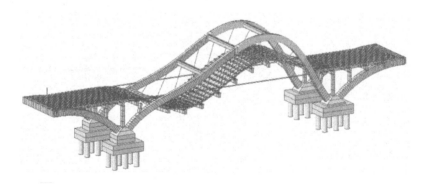

图 3.20　一阶振型图($f_1=1.968$Hz)

此桥前三阶自振频率实测值与计算值的对比如表 3.3 所示，可以看出桥梁前 3 阶自振频率实测值与有限元计算值吻合较好，表明有限元模型能基本反映实桥动力特征。

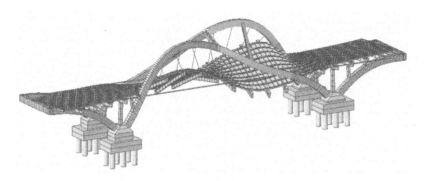

图 3.21 二阶振型图($f_2 = 2.786Hz$)

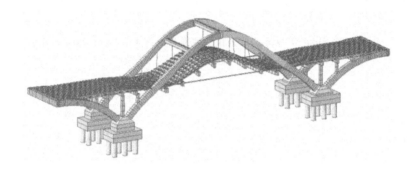

图 3.22 三阶振型图($f_3 = 3.015Hz$)

表 3.3 自振频率实测值和计算值比较

振型序列	自振频率/Hz		相对误差/%	振型特征
	实测值	计算值		
一阶	2.148	2.056	8.38	竖向反对称振动
二阶	3.027	2.898	7.96	竖向弯扭耦合振动
三阶	3.296	3.176	8.53	竖向对称振动

利用本书所开发车-桥耦合振动分析模块 VBCVA 对该三跨中承式钢筋混凝土拱桥跑车工况进行模拟计算,跑车工况下,中跨主拱跨中截面竖向位移时程仿真计算结果如图 3.23 与图 3.24 所示,与实测位移时程曲线图 3.18 较为吻合,从而验证 VBCVA 模块的正确性与可靠性。

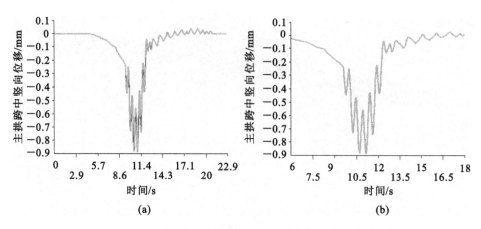

图 3.23   20km/h 跑车工况主拱拱顶截面测点竖向位移时程计算值

（a）车辆过桥全过程；（b）局部放大图

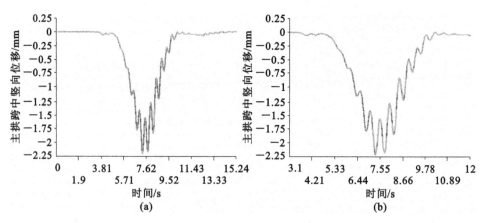

图 3.24   30km/h 跑车工况主拱拱顶截面测点竖向位移时程计算值

（a）车辆过桥全过程；（b）局部放大图

3.4   本章小结

本章基于 ANSYS 二次开发工具 APDL 与 UIDL 语言,结合车-桥耦合振动分析原理,利用参数化设计语言实现车-桥耦合参数化建模、分析与后处理操作,采用图形用户界面设计语言实现人机交互式用户界面设计,开发了分析公路桥梁结构在车辆荷载作用下的车-桥耦合振动分析模块 VBCVA。该功能模块可分析车辆速度、车辆参数(不同车体或悬架刚度、阻尼)、桥面不平整度等级、车辆行驶状态(加、减速与往、返双向行驶)等因素对车-桥耦合振动的影响,并采用用户交互界面进行仿真过程的数据输入与相关参数设定,使车-桥耦合振动分析实现大为简化,为进一步开展双层公路桥梁车-桥耦合振动规律及影响因素分析研究提供了基础。详细介绍了车-桥耦合振动分析功能模块 VBCVA 的系统构成与使用方法,并结合中承式钢筋混凝土拱桥动载试验,采用 VBCVA 模块对其跑车工况进行仿真计算,仿真结果与试验结果较为吻合,从而验证了 VBCVA 模块的正确性与可靠性,可应用其进行实际桥梁结构车-桥耦合振动问题的分析与研究。

4　双层公路钢桁梁桥动力特性分析

本章以一座双层公路钢桁梁桥——东江大桥为依托,采用 ANSYS 软件建立实桥三维有限元模型,计算分析了桥梁结构的动力特性(频率与模态)。结合东江大桥实桥动载模态试验,将自振频率计算值与试验值进行对比分析,验证了有限元模型的正确性与精度,为进一步开展双层桥车-桥耦合振动分析研究提供了模型基础。

4.1　工程概况

东莞市东江大桥位于莞深高速公路北端石碣段跨越东江南支流处,是国内第一座双层桥面公路钢桁桥(刘剑,2010;蒋树勤,2010)。东江大桥采用并线合流的建设方案,分为上、下双层体系,上层为莞深高速公路,双向六车道加紧急停车带,设计行车速度为 100km/h,公路-Ⅰ级荷载,采用 2%的双向横坡,单侧桥面板宽 16.45m;下层为北五环路,双向八车道,设计行车速度为 80km/h,采用 1%的双向横坡,单侧桥面板宽 16.45m,城-A 级荷载,桥梁概貌如图 4.1 所示。

东江大桥主桥全长 432m,跨径布置为 112m+208m+112m,桥宽为 36m,主桥顺桥向采用 1%的双向纵坡,曲线半径 R 为 22001m。主桥上部采用刚性悬索加劲三跨连续钢桁梁结构,上加劲弦(刚性悬索)采用二次抛物线,上弦与上加劲弦之间用吊杆连接,加劲弦部分呈悬索状,中支点处上加劲弦中心到上弦中心高度为 28m,上加劲弦与上弦在跨中合成上弦。主桁立面采用有竖杆的华伦式桁架,桁高 10m,节间长度 8m。主桁横向采用 3 片桁梁结构,桁间距为 2m×18m,三片桁间仅在中间支点上加劲弦与上弦之间的大竖杆处设有横向联结系,其他位置将竖杆与横梁连接成横向框架。主桁采用焊接整体节点,上、下弦杆件制造长度(除特殊杆件外)为 16m,以减少工地拼装接头,加快拼装速度,杆件之间采用高强度螺栓连接。上下弦杆、加劲弦杆均为带加劲肋的箱形截面,竖杆采

图 4.1 东江大桥概貌

用箱形截面和 H 形截面两种形式,吊杆采用 H 形截面,桥门架大竖杆为带内外加劲肋的箱形截面。

桥面系采用纵横梁结构体系,横梁间距为 8m,纵梁间距为 2.35m,每层布置 14 片纵梁。纵横梁均采用工字形截面,横梁计算跨度为 18m,纵梁计算跨度为 8m。钢筋混凝土桥面板标准板厚 16cm,按单向板设计,计算跨径为 2.35m。上、下平联均布置为交叉式斜撑,全桥未设桥门及横联,钢桁梁框架体系依靠横梁与主桁固结构造来实现。桥面行车道板采用钢筋混凝土桥面板与纵横梁叠置的方式,桥面板用一定间距的锚栓固定在纵梁上,单侧桥面板横向分成三块预制,桥面板纵向每节分成两块预制,预制块件间采用混凝土现浇接缝,桥梁总体布置如图 4.2 所示。

大桥主墩采用三柱式墩身,墩顶设有横梁用于施工时起落梁和更换支座时安置千斤顶。每个墩柱截面尺寸为 6m×6m,每个墩柱下设一个承台,承台尺寸为 9.6m×9.6m,承台采用套箱围堰施工;每个承台下布置 4 根直径为 2.2m 的钻孔灌注桩,桩长 28~42m。边墩采用三柱式框架结构,每个墩柱截面尺寸顺桥向为 4m,横桥向为 3m,每个墩柱下设一个承台,承台尺寸为 7m×7m,每个承台下布置 4 根直径 1.5m 的钻孔灌注桩,桩长 28~35m。

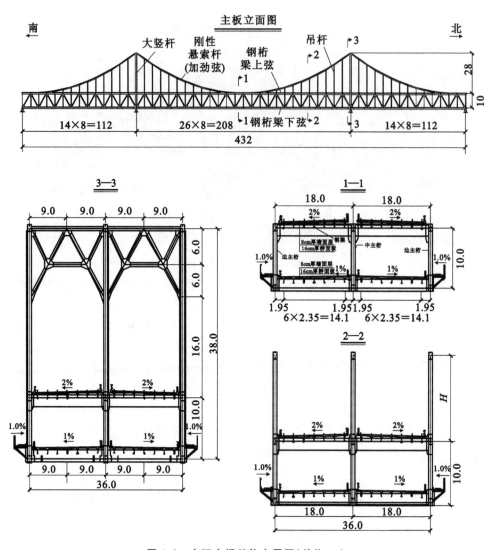

图 4.2 东江大桥总体布置图(单位:m)

4.2 动载模态试验

动载模态试验是测试桥梁结构在环境随机振动下的自振特性和动荷载激振作用下的强迫振动特性,动力特性参数是确定桥梁整体刚度大小,同时也是判断桥梁结构工作状况和承载能力的重要指标。

动载模态试验的内容主要包括自振特性测试(模态试验)和强迫振动试验两部分。自振特性测试一般采用脉动法,主要测试桥梁结构的固有频率、模态振型与阻尼比等桥梁结构的动态特性参数。脉动试验假设环境激励为平稳的各态历经的随机过程,认为在桥梁振动频率的中低频段内,环境振动引起的激励谱较平坦,桥梁各阶的模态阻尼较小,可以忽略模态之间的耦合。在环境激励的频率与桥梁的自振频率一致或接近时,桥梁容易吸收环境激励的能量,使振幅增大;而在环境激励的频率与桥梁自振频率相差较大时,由于相位差较大,大部分能量相互抵消,振幅较小。脉动试验就是利用这种响应差异来确定桥梁自振特性的。

脉动试验是通过在主桥结构变形特征位置点上布置加速度或位移传感器,较长时间地记录桥梁结构在环境激励下的振动响应,通过对功率谱曲线(自谱和互谱)的峰值和相位的测试,确定主桥的各阶空间自振频率及主桥各阶模态的空间振型,再利用幅频图上各峰值处的半功率带宽或时域上的自相关确定各阶模态阻尼比,测试主桥结构振动特性(自振频率、振型和阻尼比)的一种方法。

4.2.1 测点布置

根据东江大桥桥梁上部结构形式,采取在桥面和上加劲弦上分别布置水平拾振器与竖向拾振器,测取桥梁的竖向、横向、顺桥向及扭转振动。东江大桥主桥动载模态试验测点布置见图4.3。

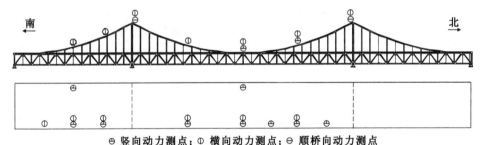

⊕ 竖向动力测点;① 横向动力测点;⊖ 顺桥向动力测点

图4.3 东江大桥主桥桥面与加劲弦立面、平面测点布置图

4.2.2 试验结果

东江大桥主桥脉动试验部分测点振动时程响应曲线及部分主要测点功率谱图(李邹力等,2013)如图4.4~图4.7所示。通过对东江大桥主桥的脉动试验数据进行时域与频域分析,可得出东江大桥的自振特性测试结果如表4.1所示。从以上分析结果可以看出东江大桥主桥的实测一阶竖向振动基频为0.7750Hz,

阻尼比为 1.037%；实测一阶横向振动基频为 1.0875Hz，阻尼比为 0.984%。

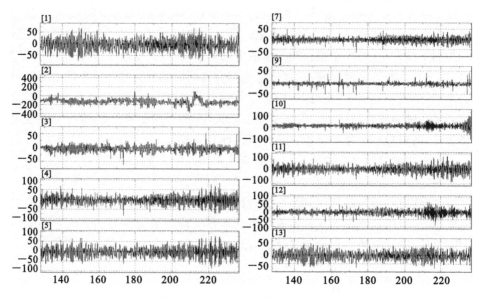

图 4.4 东江大桥主桥主要测点脉动时程响应曲线

[1]—桥面中跨 1/2 竖向测点；[2]—桥面中跨 1/4 横向测点；[3]—桥面中跨 1/2 横向测点；

[4]—桥面中跨 1/4 竖向测点；[5]—桥面中跨 3/8 竖向测点；[7]—桥面中跨 1/8 横向测点；

[9]—北塔顺桥向测点；[10]—北塔横桥向；[11]—加劲弦北侧中跨 1/4 竖向测点；

[12]—加劲弦北侧中跨 1/4 横向测点；[13]—加劲弦中跨 1/2 竖向测点

（注：纵坐标为电压，单位为 mV；横坐标为测试时间，单位为 s）

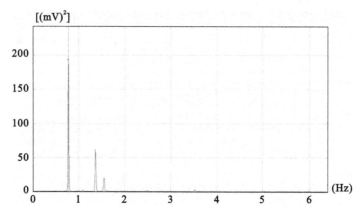

图 4.5 东江大桥主桥桥面中跨 1/2 竖向测点功率谱

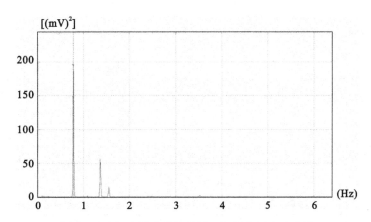

图 4.6 东江大桥主桥加劲弦 1/2 竖向测点功率谱

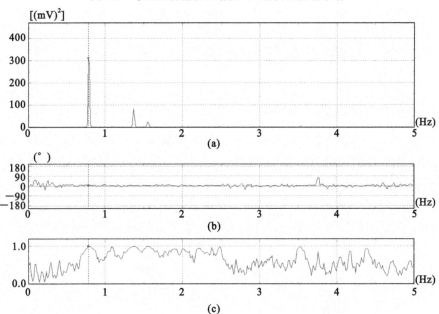

图 4.7 东江大桥主桥中跨桥面 1/2 和加劲弦 1/2 竖向测点互功率谱

(a)互谱幅值；(b)互谱相位；(c)相干系数

表 4.1   **东江大桥主桥自振特性测试结果**

序号	频率/Hz	阻尼比	振型
1	0.775	1.037%	一阶竖向弯曲振动
2	1.088	0.984%	一阶横向弯曲振动

续表

序号	频率/Hz	阻尼比	振型
3	1.252	1.298%	加劲弦横向弯曲振动＋主梁扭转
4	1.289	1.247%	加劲弦横向弯曲振动＋主梁扭转
5	1.300	1.234%	加劲弦横向弯曲振动＋主梁扭转
6	1.363	0.401%	二阶竖向弯曲振动
7	1.488	0.413%	加劲弦横向弯曲振动
8	1.550	0.599%	加劲弦横向弯曲振动
9	1.825	0.819%	加劲弦横向弯曲振动
10	1.888	0.762%	加劲弦横向弯曲振动

4.3　有限元模态分析

4.3.1　单元类型选取

利用 ANSYS 建立东江大桥全桥三维有限单元模型,主桁弦杆、腹杆、纵横梁及平联杆件均选用 ANSYS 中的 Beam 188 三维梁单元模拟。Beam 188 单元为 3D 线性有限应变梁元,基于铁木辛柯梁(Timoshenko)理论,包括剪切变形影响。Beam 188 单元有 2 个节点,每个节点具有 6～7 个自由度(第 7 个自由度为翘曲自由度),其单元几何、节点位置和单元坐标系如图 4.8(a)所示。

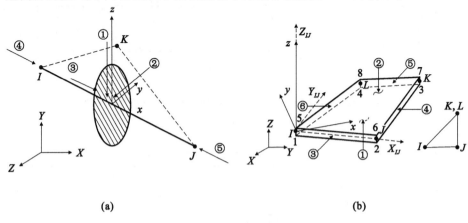

(a)　　　　　　　　　　　　　　　(b)

图 4.8　单元几何描述

(a) Beam 188;(b) Shell 63

混凝土桥面板选用 ANSYS 中的 Shell 63 单元模拟,Shell 63 单元既具有弯曲能力又具有薄膜特性,可以承受平面内荷载和法向荷载。Shell 63 单元的几何形状、节点位置及坐标系如图 4.8 所示,单元定义需要四个节点、四个厚度、一个弹性地基刚度和正交各向异性的材料,正交各向异性的材料参数的方向依据单元坐标系确定。

4.3.2 边界条件模拟

由于东江大桥塔梁固结、梁墩分离,桥墩对其上部结构分析的影响很小,因此建模时未考虑桥墩与基础,在桥墩与主桁的支座位置处施加相应的约束条件。

东江大桥上部结构在中墩与边墩处均采用球形钢支座,支座布置形式如图 4.9 所示,具体约束布置方式为:N_1 支座处,中桁设置纵向、横向与竖向三向支承约束,两边桁设置横桥向与竖桥向支承约束;S_1、S_2 与 N_2 支座处,中桁支座均采用纵桥向与竖向双向约束的一般支承,两边桁支座均采用竖向单向约束的一般支承。

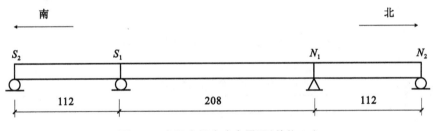

图 4.9 东江大桥支座布置图(单位:m)

4.3.3 有限元模型

东江大桥全桥三维有限元模型如图 4.10 所示,其中 Beam 188 单元 6143 个,Shell 63 单元 3456 个,单元总数共计 9599 个,节点总数共计 15076 个。

4.3.4 有限元模态结果分析

东江大桥有限元模态分析频率计算值与实测值对比如表 4.2 所示。

东江大桥前 5 阶振型图分别如图 4.11～图 4.15 所示,为了便于大桥模态振型的显示,振型图中均未显示桥面板。

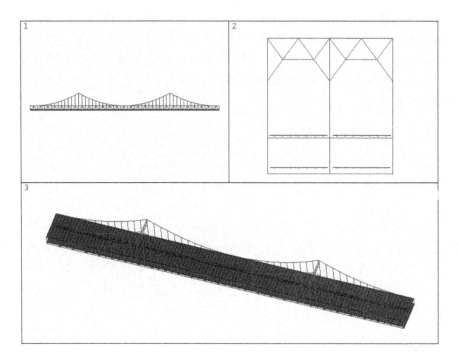

图 4.10　东江大桥三维有限元模型（不同视角）

表 4.2　　　　　东江大桥自振频率有限元计算值与实测值比较

序号	有限元计算频率值 f_1/Hz	试验实测频率值 f_2/Hz	$\dfrac{\mid f_1 - f_2 \mid}{f_2} \times 100\%$
1	0.712	0.775	8.13%
2	1.023	1.088	5.97%
3	1.168	1.252	6.71%
4	1.261	1.289	2.17%
5	1.281	1.300	1.46%
6	1.332	1.363	2.27%
7	1.521	1.488	2.22%
8	1.659	1.550	7.03%
9	1.734	1.825	4.99%
10	1.818	1.888	3.71%

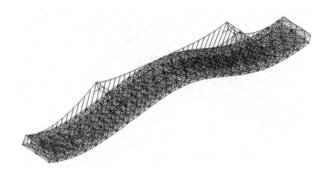

图 4.11 一阶振型(f=0.712Hz)

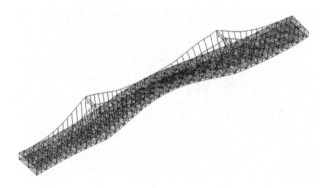

图 4.12 二阶振型(f=1.023Hz)

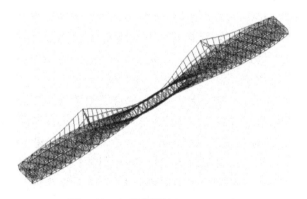

图 4.13 三阶振型(f=1.168Hz)

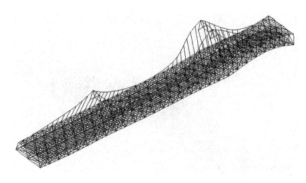

图 4.14　四阶振型(f=1.261Hz)

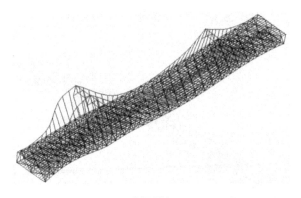

图 4.15　五阶振型(f=1.281Hz)

　　由以上分析可知,东江大桥一阶振型为竖向弯曲振动,横向弯曲振动发生在竖向弯曲振动之后,与梁式桥的振动规律一致。大桥实测一阶竖向频率为0.775Hz,阻尼比为1.037%,计算频率为0.712Hz,频率相对误差为8.13%;实测一阶横向频率为1.088Hz,阻尼比为0.984%,计算频率为1.023Hz,频率相对误差为5.97%。大桥频率计算值大部分略小于频率实测值,表明桥梁竖、横向动力刚度良好,实测桥梁阻尼比均在合理范围内。

　　从表4.2中可以看出,东江大桥前10阶自振频率有限元计算值与试验实测值吻合较好,最大相对误差仅为8.13%(小于10%),表明所建立的东江大桥三维有限元模型能较好地反映实际桥梁的动力性能,有限元建模过程中的单元选取、边界施加和相关假定与实际较为相符,可应用其进行类似结构双层桥梁的有限元建模与计算分析工作,为双层钢桁梁桥车-桥耦合振动研究的开展提供必备模型基础。

4.4　本章小结

本章结合双层公路刚性悬索加劲钢桁梁桥——东江大桥,详细介绍了其结构组成与受力特点,通过动载模态试验,测得大桥自振频率、振型与阻尼比等动力特征参数。利用大型通用有限元软件 ANSYS 建立东江大桥主桥三维有限元模型,主桁弦杆、腹杆、桥面系纵横梁与加劲弦均采用 Beam 188 单元模拟,桥面板采用 ShellL 63 单元模拟,对其动力特性进行计算,并将东江大桥有限元模态计算结果与动载模态试验结果进行对比分析。结果表明东江大桥一阶振型为竖向对称弯曲振动,横向弯曲振动发生在竖向弯曲振动之后,与梁式桥的振动规律相同。东江大桥各阶自振频率有限元计算值与试验实测值吻合较好,最大相对误差不超过 10%,从而验证了有限元模型的正确性与合理性,同时表明所建立的有限元模型能较好地反映实际桥梁的动力特性,有限元建模过程中的单元选取、边界施加和相关假定与实际较为相符,可应用其进行类似双层钢桥的有限元建模与计算分析工作,为进一步开展双层桥车-桥耦合振动分析研究提供了有限元模型基准。

5 双层公路钢桁梁桥车-桥耦合振动影响参数分析

现有车-桥耦合振动研究成果主要针对简支梁、连续梁、连续刚构与悬索桥等单层桥,针对双层公路桥的车-桥耦合振动研究涉及较少,随着双层桥在我国建设的兴起,开展相关研究工作意义重大。本章以东江大桥为工程依托,设计了双层简支钢桁梁桥,应用开发的车-桥耦合振动分析模块 VBCVA,分别以单双层加载模式、车辆数量、车辆速度、车辆质量、桥面不平整度等级与桥梁阻尼比为影响参数,计算分析了双层公路钢桥主要控制位置处各杆件内力(弦杆轴力)与节点挠度的时程变化曲线,并给出了相应的冲击系数随各参数的变化规律曲线图,总结了以上各参数对双层公路钢桁梁桥车-桥耦合振动的影响规律。

5.1 概述

5.1.1 冲击系数

当车辆以一定的速度行驶通过桥梁时,对桥梁结构产生的应力或挠度要大于车辆在静止状态下产生的应力或挠度,此项应力或挠度的增量称为动力影响。

汽车在桥梁上行驶时对桥梁结构的动力作用不仅包括由于桥梁表面凹凸不平或有坑洞与轮胎不是光滑纯圆而导致的车轮突然陷落产生的动力冲击效应,还包括车辆活载短期作用(汽车动态移动)在桥梁上引起的动力振动效应(张士铎,1992)。移动车辆对桥梁结构动力冲击作用产生的机理复杂,影响因素多,且因素随机性强,实际进行桥梁设计时难以精确计算桥梁各位置处响应的动态增量。现行国内外公路桥梁设计规范中大多通过引入动力冲击系数的方法,在桥梁设计阶段近似考虑移动汽车荷载对桥梁结构的动力放大效应,综合概括汽车过桥时对桥梁结构产生的动力冲击与振动效应。

汽车过桥时对桥梁结构的冲击系数(杨建荣等,2012)可定义为:

$$\mu = \frac{R_{\text{Dmax}} - R_{\text{Smax}}}{R_{\text{Smax}}} \tag{5.1}$$

式中,μ 为冲击系数;R_{Dmax}、R_{Smax} 分别为汽车通过桥梁时桥梁结构同一位置处的最大静力响应值与最大动力响应值。

5.1.2 桥梁模型

由于东江大桥有限元模型杆件与节点较多,车桥瞬态动力分析耗费的计算资源庞大,而本书主要分析研究车-桥耦合振动对双层公路钢桁梁桥的影响,故以东江大桥为工程依托,参照东江大桥主梁结构形式,设计了一座跨度为112m的双层公路简支钢桁梁桥,桥梁总体布置如图5.1所示。

设计双层公路简支钢桁梁桥横桥向采用两片桁架结构,桁间距18m,主桁立面采用有竖杆的华伦式桁架,桁高10m,节间长度为8m。全桥共8个车道,上、下两层各4车道。桥面系采用纵横梁支撑钢筋混凝土桥面板体系,桥面板用一定间距的锚栓固定于纵梁上翼缘,上、下两层均设有平联。主桁杆件、纵横梁杆件与桥面板均参照东江大桥实桥进行设计,材料与东江大桥实桥材料相同。

采用前一章东江大桥有限元建模方法,利用 ANSYS 软件建立双层公路简支钢桁梁桥三维有限元模型,其中桥面板采用梁格模拟,且桥面梁格仅与纵梁进行全部自由度耦合连接(模拟实桥桥面板仅与纵梁连接的边界),全桥三维有限元模型如图 5.2 所示。

采用收敛性较快的分块兰索斯法(Block Lanczos)对双层公路简支钢桁梁桥进行动力模态求解计算,提取了大桥前 10 阶模态振型与频率,前 5 阶自振频率与振型描述详见图 5.3~图 5.7。

从图 5.3~图 5.7 可以看出,此双层简支钢桁梁桥一阶振型为面内竖向对称弯曲变形,其高阶振型有面外横向弯曲与弯扭耦合变形。根据各国桥梁规范冲击系数计算公式可得出此简支双层钢桁梁桥的整体冲击系数值,表 5.1 列出了部分规范冲击系数计算结果。

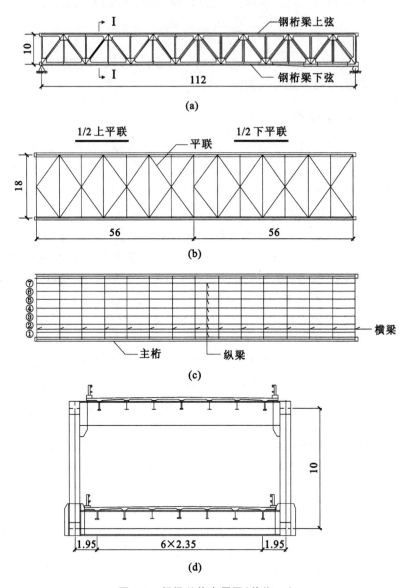

图 5.1　桥梁总体布置图(单位:m)

(a) 主桁立面;(b) 平联平面;(c) 纵横梁平面;(d) Ⅰ—Ⅰ剖面

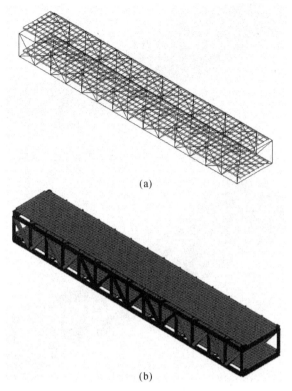

(a)

(b)

图 5.2　有限元模型

（a）杆件；（b）消隐

图 5.3　一阶模态（$f_1 = 1.34094$Hz，竖桥弯曲振动）

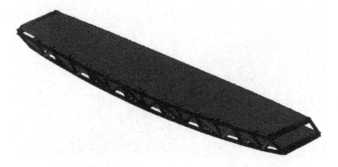

图 5.4　二阶模态($f_2 = 1.58411$Hz,横桥向弯曲振动)

图 5.5　三阶模态($f_3 = 2.80507$Hz,扭转振动)

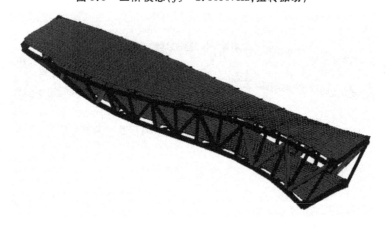

图 5.6　四阶模态($f_4 = 3.2381$Hz,局部弯扭振动)

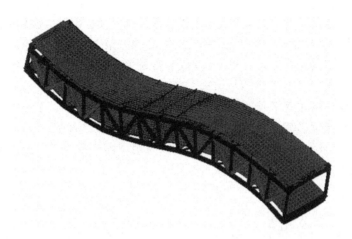

图 5.7　五阶模态(f_5＝3.27301Hz,局部弯扭振动)

表 5.1　　　　　　　　　　　不同国家规范冲击系数计算值

规范	中国 (1985)	中国 (2015)	加拿大 (1979)	加拿大 (1982)	英国 (1978)	日本 (1972)
动力放大系数	0.10	0.05	0.33	0.24	0.25	0.12

图 5.8 为设计桥采用不同桥梁规范冲击系数计算值对比图,从表 5.1 与图 5.8 可以看出各种规范计算桥梁冲击系数值偏差较大,其中,中国规范(2015)冲击系数取值最小,加拿大规范(1979)冲击系数取值最大。

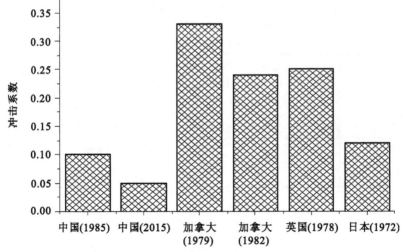

图 5.8　设计双层桥不同国家规范冲击系数对比

中国规范(1985)与日本规范(1972)采用与桥梁跨度相关的动力系数计算公式,不能体现双层桥的动力特性,利用其计算冲击系数显然不合理。由于此双层钢桥一阶振型为竖向弯曲振动,可以按照与桥梁频率相关的冲击系数计算方法进行计算。中国规范(2015)与加拿大规范(1979)、加拿大规范(1982)均采用基于桥梁基频的冲击系数计算方法,可用来计算此桥的动力冲击系数。但三者的计算冲击系数值差别较大,中国规范(2015)冲击系数计算值明显小于加拿大规范计算值,因此,对于类似双层桥是否可以采用中国规范(2015)进行冲击效应的计算仍值得商榷。

5.1.3 车辆模型

进行双层桥车-桥耦合振动分析时,车辆模型采用平面三轴重车,如图 5.9 所示,具体车辆参数如表 5.2 所示。

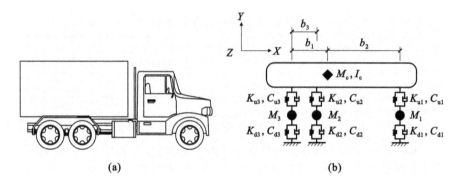

(a)   **(b)**

图 5.9　平面三轴重车模型

(a) 车辆外观示意图;(b) 车辆立面示意图

表 5.2 　　　　　　　　　　　　　**车辆技术参数**

车辆模型	车轴	轮对质量 m/kg	悬架垂向刚度 K_u/ (N·m⁻¹)	悬架垂向阻尼 C_u/ (kg·m⁻¹)	轮胎垂向刚度 K_d/ (N·m⁻¹)	悬架垂向阻尼 C_d/ (kg·m⁻¹)	车体质量 M_c/kg	车体点头刚度 I_c/ (kg·m²)
三轴	前轴	2200	1267500	98000	2140000	49000		
平面车辆	中轴	1100	633750	49000	1070000	24500	25600	688000
模型	后轴	1100	633750	49000	1070000	24500		

5.1.4　计算分析工况

分别以单双层加载模式、车辆数量(纵向 1～4 排车)、车辆速度、车辆质量、桥面不平整度等级、桥梁阻尼比为影响参数,分析车-桥耦合振动对双层钢桁梁桥的冲击效应,影响参数分析工况如表 5.3 所示。

表 5.3　　　　　　　　　　　**车-桥耦合影响参数分析工况**

影响参数	典型值	影响参数变化范围	桥梁车-桥耦合振动响应结果项
加载模式	双层加载	单上层加载,单下层加载 双层加载,共 3 工况	1. 上、下层桥面主桁 1/4 跨度、跨中与 3/4 跨度处挠度; 2. 主桁 1/4 跨度处、跨中处与 3/4 跨度处上弦杆轴力; 3. 主桁 1/4 跨度处、跨中处与 3/4 跨度处下弦杆轴力; 4. 跨中位置处④号纵梁[中纵梁,见图 5.1(c)]轴力
车辆数量	1 排	1～4 排,每排 4 辆车, 间隔 1 排,两排之间 间隔 1.5s 上桥,共 4 工况	
车辆速度	70km/h	30～120km/h, 间隔 5km/h,共 19 工况	
车辆质量	30t	10～40t,间隔 5t, 共 7 工况	
桥面不平整度等级	A 级	光滑、A 级、B 级、 C 级与 D 级,共 5 工况	
桥梁阻尼比	0.03	阻尼比取 0.01～0.05, 间隔 0.02,共 3 工况	

在进行车-桥耦合振动分析时,当分析某项影响参数对结果项的影响时,在计算时该项参数依次选取其变化范围内参数值,而其他参数采用其典型值,从而实现各因素单独变化对桥梁冲击效应的影响规律研究。车辆数量典型值为 1 排,表示上、下层桥面每一车道中心各作用一辆车,每增加 1 排表示上、下层桥面各增加 4 辆车,且前、后两排之间车辆间隔 1.5s 时间后上桥,各排车同向行驶。

5.2　单双层加载模式的影响分析

5.2.1　挠度冲击系数

分别以双层跑车(工况 1)、上层单层跑车(工况 2)与下层单层跑车(工况 3)

作为三种计算工况,对双层钢桁梁桥进行车-桥耦合振动时程分析计算,将挠度响应冲击系数结果项进行汇总,如表5.4所示。不同加载模式下,各位置处挠度响应冲击系数变化曲线分别如图5.10所示。

表5.4　　　　　　　不同加载模式下挠度响应冲击系数计算结果

加载模式	主桁1/4位置处		主桁跨中处		主桁3/4位置处	
	上层	下层	上层	下层	上层	下层
工况1	0.13	0.12	0.14	0.13	0.12	0.11
工况2	0.14	0.13	0.15	0.14	0.13	0.13
工况3	0.13	0.14	0.14	0.14	0.12	0.13

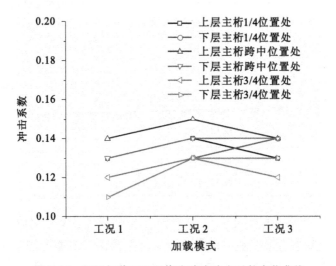

图5.10　不同加载工况下挠度响应冲击系数变化曲线

从表5.4与图5.10可以看出:不同加载模式下,主桁不同位置处的挠度响应冲击系数变化不大,加载模式对挠度动力响应影响不大。但双层跑车工况下,由于上、下双层车辆的共同激励作用,其效应存在一定的耦合,下(上)层杆件比单独下(上)层跑车工况的冲击系数有降低的趋势,但不明显。

5.2.2　杆件轴力响应及冲击系数

由于篇幅所限,仅给出了上层主桁主要位置处弦杆轴力与中纵梁轴力时程响应变化曲线,如图 5.11 与图 5.12 所示。

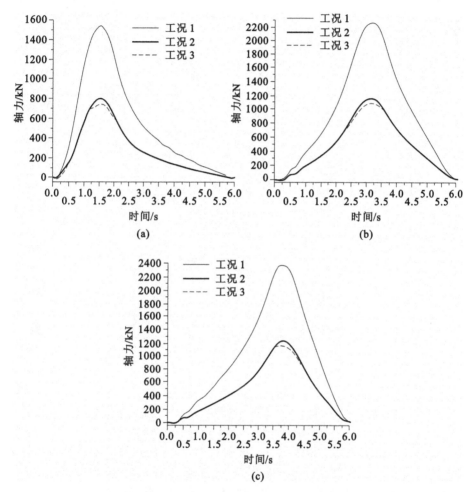

图 5.11　不同加载模式下桥梁上层主桁弦杆轴力时程响应曲线

(a) 1/4 跨径处;(b) 1/2 跨径处;(c) 3/4 跨径处

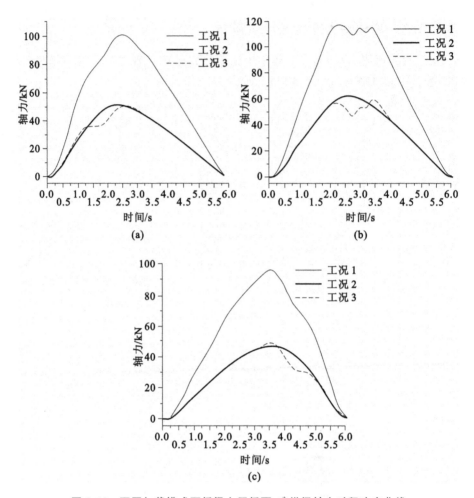

图 5.12　不同加载模式下桥梁上层桥面 4[#] 纵梁轴力时程响应曲线

(a) 1/4 跨径处；(b) 1/2 跨径处；(c) 3/4 跨径处

表 5.5 列出了不同加载工况下桥梁跨中处上、下层挠度与弦杆轴力的最大动力响应及其冲击系数,从图 5.11、图 5.12 与表 5.5 可以看出加载模式不同对弦杆影响不大,但是其对中纵梁的影响较大,应考虑加载模式对双层桥局部构件冲击效应的不同。双层加载工况下桥梁上、下层弦杆与中纵梁的冲击系数均略有降低,这主要是由于上、下层同时跑车,车辆振动叠加使其对桥梁的冲击效应减弱所致。

表 5.5 不同加载模式下桥梁主要杆件挠度、轴力的最大动力响应及其冲击系数

参数	杆件	挠度/mm			轴力/kN		
		工况 1	工况 2	工况 3	工况 1	工况 2	工况 3
最大动力响应	上层中纵梁跨中	−33.0	−20.0	−13.1	117.5	62.7	59.8
	上弦杆跨中	−28.0	−14.1	−13.9	2252	1166	1089
	下层中纵梁跨中	−34.0	−13.4	−20.8	−111.6	−58.3	−54.0
	下弦杆跨中	−28.5	−14.1	−14.4	−2577	−1273	−1306
冲击系数	上层中纵梁跨中	0.15	0.15	0.09	0.11	0.12	0.06
	上弦杆跨中	0.14	0.15	0.14	0.07	0.08	0.08
	下层中纵梁跨中	0.14	0.09	0.13	0.10	0.05	0.12
	下弦杆跨中	0.13	0.14	0.14	0.06	0.07	0.09

5.2.3　规律分析总结

通过以上计算结果,可以得出:两种单层加载模式下主桁的动力响应变化不大,主桁不同部位响应冲击系数变化不明显;两种单层加载模式下纵梁的动力响应变化比较明显,车辆荷载对荷载所在位置处纵梁的冲击作用显著,所以对于双层钢桁梁桥来说,移动荷载对桥梁局部振动的贡献较大,设计时应考虑车辆局部冲击效应;此外,对比表 5.4 与表 5.5 中 3 种加载模式下杆件轴力与位移冲击系数的变化,可以看出双层加载模式下杆件冲击系数较上、下单层加载模式下的冲击系数均有减小趋势,这主要是由于双层桥上、下层车辆荷载耦合作用所致。

5.3　车辆数量的影响分析

5.3.1　挠度冲击系数

使行驶车辆排数在 1～4 排变化,每排上桥间隔时间为 1.5s,对双层钢桥进行车-桥耦合振动分析计算,将挠度响应冲击系数结果项进行汇总,如表 5.6 所示。不同车辆排数下,桥梁各位置处挠度响应冲击系数变化曲线如图 5.13 所示。

表 5.6　　　不同车辆数量(排数)桥梁挠度响应冲击系数计算结果

加载模式	主桁 1/4 位置处		主桁跨中处		主桁 3/4 位置处	
	上层	下层	上层	下层	上层	下层
1 排车	0.13	0.12	0.14	0.13	0.12	0.11
2 排车	0.20	0.21	0.22	0.22	0.19	0.19
3 排车	0.19	0.19	0.21	0.20	0.18	0.17
4 排车	0.19	0.20	0.21	0.21	0.19	0.18

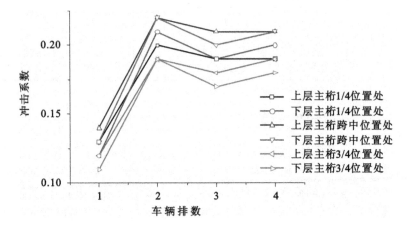

图 5.13　不同车辆数量(排数)桥梁挠度响应冲击系数变化曲线

5.3.2　杆件轴力冲击系数

使行驶车辆排数在 1～4 排变化,对双层钢桁梁桥进行车-桥耦合振动时程分析计算,将轴力响应冲击系数结果项进行汇总,如表 5.7 所示。不同车辆排数下,桥梁各位置处轴力响应冲击系数变化曲线如图 5.14 所示。

表 5.7　　　不同车辆数量(排数)弦杆轴力响应冲击系数计算结果

加载模式	主桁 1/4 位置处		主桁跨中处		主桁 3/4 位置处	
	上层	下层	上层	下层	上层	下层
1 排车	0.07	0.07	0.08	0.07	0.07	0.06
2 排车	0.14	0.13	0.16	0.14	0.14	0.12
3 排车	0.18	0.17	0.19	0.18	0.17	0.17
4 排车	0.15	0.14	0.17	0.15	0.13	0.13

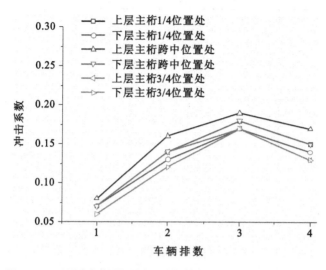

图 5.14 不同车辆数量(排数)弦杆轴力响应冲击系数变化曲线

5.3.3 规律分析总结

从表 5.6 与图 5.13 可以看出,车辆数量对双层桥上、下层挠度冲击系数影响较明显,随着车辆排数的增加,挠度冲击系数先增大然后减小,在 2 排车工况下达到最大,多于 2 排车作用下曲线波动不大,变化规律不明显。从表 5.7 与图 5.14 可以看出,车辆排数对杆件轴力冲击系数影响明显,随着车辆排数的增加,冲击系数先增大后减小,当车辆排数为 3 排时达到最大。

5.4 车辆速度的影响分析

5.4.1 挠度冲击系数

当车辆行驶速度在 30～120km/h(常见车速范围)变化时,速度间隔为 5km/h,对双层钢桁梁桥进行车-桥耦合振动时程分析计算,将主桁上、下层主要位置处挠度响应冲击系数结果项进行汇总,如表 5.8 所示。不同车辆速度下,桥梁各位置处挠度响应冲击系数变化曲线如图 5.15 所示。

表 5.8　　　　　　**不同车速下桥梁挠度响应冲击系数计算结果**

车辆速度/(km/h)	主桁 1/4 位置处		主桁跨中处		主桁 3/4 位置处	
	上层	下层	上层	下层	上层	下层
30	0.04	0.03	0.04	0.03	0.02	0.01
35	0.06	0.06	0.07	0.06	0.04	0.04
40	0.08	0.07	0.08	0.08	0.06	0.05
45	0.05	0.04	0.06	0.04	0.04	0.03
50	0.04	0.05	0.06	0.05	0.06	0.04
55	0.07	0.06	0.07	0.07	0.06	0.04
60	0.09	0.08	0.09	0.09	0.08	0.06
65	0.11	0.10	0.11	0.11	0.10	0.09
70	0.13	0.12	0.14	0.13	0.12	0.11
75	0.10	0.09	0.11	0.10	0.09	0.09
80	0.08	0.07	0.09	0.10	0.07	0.08
85	0.06	0.07	0.08	0.08	0.07	0.07
90	0.09	0.10	0.12	0.11	0.10	0.09
95	0.12	0.13	0.14	0.13	0.11	0.12
100	0.15	0.15	0.16	0.15	0.13	0.14
105	0.20	0.21	0.22	0.22	0.21	0.20
110	0.28	0.26	0.29	0.29	0.27	0.26
115	0.21	0.20	0.21	0.21	0.22	0.19
120	0.23	0.22	0.25	0.26	0.25	0.22

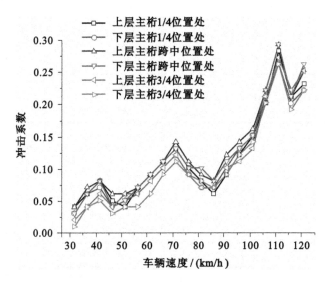

图 5.15　不同车速下挠度响应冲击系数变化曲线

5.4.2　杆件轴力冲击系数

当车辆行驶速度在 30～120km/h 变化时,速度间隔为 5km/h 时,对双层钢桁梁桥进行车-桥耦合振动时程分析计算,将轴力响应冲击系数结果项进行汇总,如表 5.9 所示。不同车辆速度下,桥梁各位置处轴力响应冲击系数变化曲线如图 5.16 所示。

表 5.9　　　　　　　　　不同车速弦杆轴力响应冲击系数计算结果

车辆速度/(km/h)	主桁 1/4 位置处		主桁跨中处		主桁 3/4 位置处	
	上层	下层	上层	下层	上层	下层
30	0.01	0.01	0.01	0.02	0.01	0.01
35	0.03	0.02	0.03	0.03	0.02	0.01
40	0.04	0.03	0.03	0.04	0.03	0.03
45	0.05	0.04	0.06	0.04	0.04	0.03
50	0.03	0.03	0.04	0.05	0.03	0.03
55	0.02	0.02	0.02	0.04	0.03	0.02
60	0.04	0.04	0.04	0.05	0.04	0.04
65	0.05	0.06	0.06	0.07	0.06	0.05

续表

车辆速度/(km/h)	主桁 1/4 位置处		主桁跨中处		主桁 3/4 位置处	
	上层	下层	上层	下层	上层	下层
70	0.07	0.07	0.08	0.07	0.07	0.06
75	0.08	0.09	0.10	0.09	0.09	0.08
80	0.09	0.10	0.11	0.10	0.10	0.09
85	0.06	0.07	0.08	0.08	0.07	0.07
90	0.08	0.09	0.10	0.10	0.09	0.09
95	0.10	0.13	0.13	0.12	0.11	0.10
100	0.07	0.09	0.10	0.10	0.09	0.09
105	0.09	0.10	0.11	0.12	0.11	0.10
110	0.15	0.14	0.17	0.16	0.16	0.15
115	0.14	0.13	0.16	0.15	0.15	0.14
120	0.12	0.11	0.12	0.13	0.11	0.10

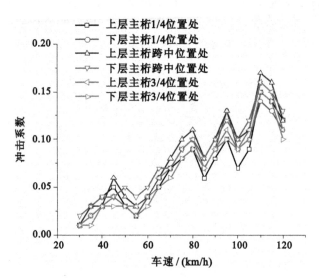

图 5.16 不同车速弦杆轴力响应冲击系数变化曲线

5.4.3　规律分析总结

随着车速的增加,双层桥各杆挠度与轴力冲击系数并不是单调增加,曲线起伏波动较大,车辆速度与桥梁动力响应并没有非常直接地呈现出规律性的变化趋势,但总体上随着车辆速度的提高,桥梁各杆响应冲击系数有增大的趋势。车辆速度主要影响的是轮桥接触点处的车-桥耦合力,不易找到一个确定的函数关系来表示车速对桥梁动力响应的影响。

5.5　车辆质量的影响分析

5.5.1　挠度冲击系数

将车辆质量在10~40t变化,间隔为5t,共7个工况,对双层钢桁梁桥进行车-桥耦合振动时程分析计算,将挠度响应冲击系数结果项进行汇总,如表5.10所示。不同车辆质量下,桥梁各位置处挠度响应冲击系数变化曲线如图5.17所示。

表5.10　　**不同车辆质量下挠度响应冲击系数计算结果**

车辆质量/t	主桁1/4位置处		主桁跨中处		主桁3/4位置处	
	上层	下层	上层	下层	上层	下层
10	0.19	0.18	0.20	0.19	0.18	0.17
15	0.16	0.15	0.17	0.16	0.15	0.14
20	0.15	0.14	0.15	0.15	0.14	0.13
25	0.14	0.14	0.14	0.14	0.13	0.13
30	0.13	0.12	0.14	0.13	0.12	0.11
35	0.12	0.12	0.13	0.13	0.12	0.11
40	0.12	0.12	0.12	0.11	0.11	0.10

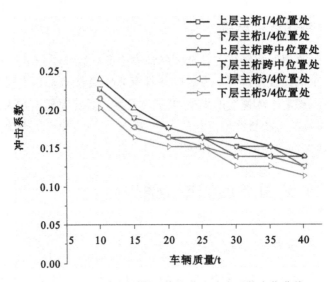

图 5.17　不同车辆质量下挠度响应冲击系数变化曲线

5.5.2　杆件轴力冲击系数

将车辆质量在 10～40t 变化,质量间隔为 5t,对双层钢桁梁桥进行车-桥耦合振动时程分析计算,将轴力响应冲击系数结果项进行汇总,如表 5.11 所示。不同车辆质量下,桥梁各位置处轴力响应冲击系数变化曲线如图 5.18 所示。

表 5.11　　　　　不同车辆质量弦杆轴力响应冲击系数计算结果

车辆质量/t	主桁 1/4 位置处		主桁跨中处		主桁 3/4 位置处	
	上层	下层	上层	下层	上层	下层
10	0.15	0.14	0.16	0.15	0.14	0.15
15	0.12	0.11	0.13	0.12	0.11	0.12
20	0.10	0.09	0.11	0.10	0.09	0.09
25	0.08	0.08	0.09	0.08	0.08	0.07
30	0.07	0.07	0.08	0.07	0.07	0.06
35	0.07	0.06	0.07	0.06	0.06	0.06
40	0.07	0.06	0.07	0.06	0.06	0.06

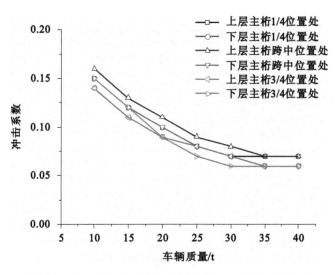

图 5.18　不同车辆质量弦杆轴力响应冲击系数变化曲线

5.5.3　规律分析总结

车辆质量变化对桥梁挠度与轴力等响应的动力冲击作用影响较明显,随着车辆质量的增加,挠度与轴力冲击系数逐渐减小,且曲线变化较平缓,呈单调减小的趋势。各位置处挠度与轴力冲击系数最大值均发生在车体质量为 10t 时,当车辆质量大于 30t 时,冲击系数变化较为缓和。

5.6　桥面不平整度的影响分析

5.6.1　挠度冲击系数

计算时考虑的工况为:工况 1,理想路面;工况 2～5,A～D 等级路面,分析时横桥向各车道采用完全相同的桥面状况。将双层桥梁上、下层主要部位竖向位移响应冲击系数结果项进行汇总,如表 5.12 所示。不同桥面不平整度等级下,桥梁各位置处竖向位移响应冲击系数变化曲线如图 5.19 所示。

表 5.12 不同桥面不平整度等级下挠度响应冲击系数计算结果

桥面不平整度等级	主桁 1/4 位置处		主桁跨中处		主桁 3/4 位置处	
	上层	下层	上层	下层	上层	下层
光滑	0.05	0.04	0.05	0.05	0.04	0.03
A 级	0.13	0.12	0.14	0.13	0.12	0.11
B 级	0.15	0.15	0.16	0.16	0.15	0.14
C 级	0.18	0.19	0.21	0.20	0.19	0.18
D 级	0.25	0.24	0.27	0.26	0.25	0.23

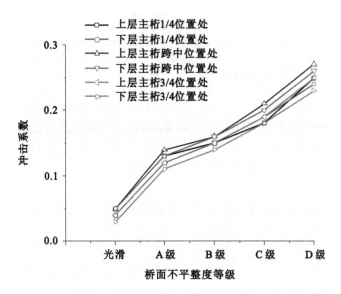

图 5.19 不同桥面不平整度等级下挠度响应冲击系数变化曲线

5.6.2 杆件轴力冲击系数

不同桥面不平整度等级下,桥梁各位置处轴力响应冲击系数变化曲线如图 5.20 所示。

表 5.13　　　　不同桥面不平整度等级下轴力响应冲击系数计算结果

桥面不平整度等级	主桁 1/4 位置处		主桁跨中处		主桁 3/4 位置处	
	上层	下层	上层	下层	上层	下层
光滑	0.03	0.04	0.04	0.04	0.03	0.03
A 级	0.07	0.07	0.08	0.07	0.07	0.06
B 级	0.11	0.11	0.13	0.12	0.12	0.11
C 级	0.16	0.16	0.18	0.18	0.15	0.14
D 级	0.22	0.22	0.23	0.24	0.21	0.19

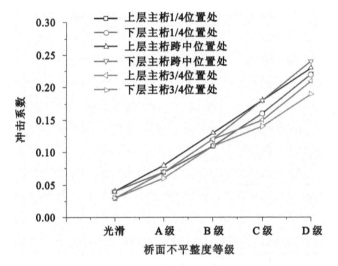

图 5.20　不同桥面不平整度等级下轴力响应冲击系数变化曲线

5.6.3　规律分析总结

　　桥面不平整度等级变化对桥梁挠度与杆件轴力等响应的动力冲击作用影响明显,随着桥面不平整度等级的下降,挠度与轴力冲击系数变化曲线单调上升,曲线变化较平缓,且桥面不平整度等级越差,其响应冲击系数变化幅度越大,各位置处挠度与轴力冲击系数最大值均发生在桥面不平整度等级为 D 级时。

5.7　桥梁阻尼比的影响分析

通过改变桥梁结构自身的阻尼比,研究其对车-桥振动的影响。工况 1,桥梁阻尼比(ζ)为 0.01;工况 2,桥梁阻尼比(ζ)为 0.03;工况 3,桥梁阻尼比(ζ)为 0.05。

表 5.14 列出了不同阻尼比时桥梁上、下层主要杆件动力响应及其冲击系数,可以看出,随着桥梁结构阻尼比的增大,桥梁结构上、下层杆件位移、轴力及其冲击系数都呈减小趋势。这是由于高阻尼能够增大结构能量耗散,可以在一定程度上降低结构的动力响应幅度。实际设计桥梁时,可以考虑适当增大桥梁结构的阻尼,如引入新材料、使用抗震支座等,以减少车-桥耦合振动效应。

表 5.14　　　　　　　**不同阻尼比时桥梁动力响应与冲击系数**

参数	杆件	挠度/mm				轴力/kN			
		$\zeta=0.01$	$\zeta=0.03$	$\zeta=0.05$	静力	$\zeta=0.01$	$\zeta=0.03$	$\zeta=0.05$	静力
最大动力响应	上层中纵梁跨中	−34.1	−33.0	−32.1	−28.7	121.8	117.5	114.4	105.9
	上弦杆跨中	−28.7	−28.0	−27.5	−24.6	2357.3	2252	2209.9	2104.7
	下层中纵梁跨中	−35.8	−34.0	−32.8	−29.8	−115.7	−111.6	−107.6	−101.5
	下弦杆跨中	−29.5	−28.5	−27.5	−25.2	−2674	−2577	−2504	−2431.1
冲击系数	上层中纵梁跨中	0.19	0.15	0.12	—	0.15	0.11	0.08	—
	上弦杆跨中	0.17	0.14	0.12	—	0.12	0.07	0.05	—
	下层中纵梁跨中	0.20	0.14	0.10	—	0.14	0.10	0.06	—
	下弦杆跨中	0.17	0.13	0.09	—	0.10	0.06	0.03	—

5.8　本章小结

本章参照东江大桥,设计了一座跨度 112m 的简支双层公路钢桁梁桥,基于前一章的有限元模拟方法,采用 ANSYS 软件建立该双层简支钢桁梁三维有限元模型。应用笔者开发的车-桥耦合振动分析模块 VBCVA,分别以单双层加载模式、车辆数量、车辆速度、车辆质量、桥面不平整度等级与桥梁阻尼比等为影响参数,计算分析了双层公路钢桁梁桥主要控制位置处各杆件内力(弦杆轴力)与节点挠度的时程变化曲线,并给出了相应的冲击系数随各参数的变化规律曲线图,总结了以上各参数对双层公路钢桁梁桥车-桥耦合振动的如下影响规律。

(1) 在各种参数变化工况下,该双层桥各杆件冲击系数基本都大于中国规范(2015)按桥梁基频计算的冲击系数值 0.05,规范冲击系数计算值偏不安全,可见双层桥冲击系数的计算不能参照现有中国桥梁规范(2015)仅考虑桥梁基频的方法,还要综合考虑车辆动力性能、桥面不平整度等的综合影响作用。

(2) 单双层加载模式的不同,对桥梁结构整体的动力响应改变不大,但是对其局部杆件动力响应的影响则比较明显,应在桥梁设计时考虑桥梁局部冲击效应的不同。

(3) 车辆数量对挠度冲击系数影响较明显,随着车辆排数的增加,挠度冲击系数先增大后减小,在 2 排车工况下达到最大,曲线波动不大,变化规律不明显。车辆排数对杆件轴力冲击系数影响明显,随着车辆排数的增加,冲击系数先增大后减小,当车辆排数为 3 排时达到最大。

(4) 双层公路钢桁桥各杆件动力响应与车速之间没有规律性的变化趋势,冲击系数并非随车速增长而呈线性增加趋势。但总体来讲,较高的行车速度会对桥梁结构产生更大的冲击效应。

(5) 车辆质量变化对桥梁挠度与轴力等响应的动力冲击作用影响较明显,随着车辆质量的增加,挠度与轴力冲击系数逐渐减小,且曲线变化较平缓,呈单调减小的趋势,各位置处挠度与轴力冲击系数最大值均发生在车体质量为 10t 时,当车辆质量大于 30t 时,冲击系数变化较为缓和。

(6) 桥面不平整度是双层公路钢桁梁桥车-桥耦合振动的一个重要激励,桥面不平整度的好坏在很大程度上决定着结构冲击系数的大小。桥面状况越差,车辆振动越强烈,车辆对桥梁结构产生的动力冲击作用也越大。在桥梁运营养护过程中,应注意保证桥面的平整,以减少对桥梁结构的冲击作用,提高桥梁的承载力与耐久性。

(7) 阻尼能消耗振动能量,可以在一定程度上降低结构的动力响应。高阻尼比条件下,桥梁结构的响应与冲击系数均有所降低,实际设计桥梁时,可以考虑适当增大桥梁结构的阻尼,如引入新材料、使用抗震支座等,以减少车-桥耦合振动对桥梁的冲击作用。

6 结论与展望

结合本书所做工作,主要得出了以下几个方面的结论:

(1)阐述了车-桥耦合振动问题的产生,古典研究的理论、发展与研究现状,在分析总结现有车-桥耦合研究成果的基础上,结合双层公路钢桁梁桥的受力特点,提出了本书的研究目的与研究意义。

(2)针对现有公路桥梁车-桥耦合振动响应问题分析的复杂性,结合分离法原理与车辆动力学理论,提出了一种基于 ANSYS 平台的公路桥梁车-桥耦合振动响应数值分析方法。将车辆模型与桥梁模型分别独立建于 ANSYS 软件环境中,利用约束方程实现任意时刻车轮与桥面接触点的位移协调(力的平衡关系由程序自动满足),基于 ANSYS 瞬态动力学求解功能,采用 APDL 编程实现车辆(车流)过桥的耦合动力时程响应分析。通过与相关文献算例结果的对比及实桥试验验证了本方法的正确性与可靠性。该方法在任意载荷步处不需要迭代计算,避免了复杂程序设计,极大地提高了车-桥耦合振动的分析效率。

(3)基于本书提出的车-桥耦合振动数值算法,采用 UIDL 与 APDL 语言联合编程,依托 ANSYS 软件环境开发了公路桥梁车-桥耦合振动响应分析模块 VBCVA。该模块只需输入桥梁模型(桥面可以采用板单元或梁单元模拟)、车道信息(车道中心起始位置、车道方向等参数)与车辆(车流)信息(车辆类型、所属车道、车辆质量及悬架刚度与阻尼等参数),即可计算出任意结构体系桥梁各位置的挠度冲击系数及其时程响应与各杆件的轴力、弯矩、扭矩等内力冲击系数及其时程变化响应。该模块采用图形用户界面(GUI)方式接收用户的输入,操作简便直观,便于工程人员掌握与应用。

(4)应用已开发的车-桥耦合振动分析模块 VBCVA,分别以单、双层加载模式、车辆数量、车辆速度、车辆质量、桥面不平整度等级与桥梁阻尼比等为影响因素,计算分析了多种车辆行驶工况下双层公路简支钢桁梁桥主要控制位置处各杆件轴力与节点挠度的时程变化曲线,并给出了相应的冲击系数随各参数的变化规律图,研究发现:桥面不平整度是车-桥耦合振动的一个重要影响因素,较差的桥面状况会加剧车辆振动,对桥梁结构产生更大的冲击效应,严重影响桥梁的工作状态与承载能力。在桥梁运营养护过程中,应注意保证桥面的平整,以减少车辆对桥梁结构的冲击作用,提高桥梁的承载力与耐久性;阻尼能消耗振动能量,可以在一定程度上降低桥梁结构的动力响应。实际桥梁设计时,可以考虑适当增大桥梁结构的阻尼,如引入新材料、使用抗震支座等,以减少车-桥耦合振动对桥梁的冲击作用;双层公路钢桁梁桥各杆件动力响应与车速之间没有规律性的变化趋势,冲击系数并非随车速增长而呈线性增加趋势。但总体来讲,较高的行车速度会对桥梁结构产生更大的冲击效应;单双层加载模式的不同,对桥梁整体的动力响应改变不大,但是对其局部动力响应的影响则比较明显,应在桥梁设计时考虑局部冲击效应的影响;车辆质量变化对桥梁挠度与轴力等响应的动力冲击作用影响较明显,随着车辆质量的增加,双层桥挠度与轴力冲击系数逐渐减小,且变化曲线较光滑,呈单调减小的趋势,各位置处挠度与轴力冲击系数最大值均发生在车体质量为 10t 时,当车辆质量大于 30t 时,冲击系数变化较为缓和;车辆数量对双层钢桁梁桥冲击系数影响较明显,随着上桥车辆排数的增加,冲击系数先增大,然后减小。

(5)双层钢桁梁桥应该区分总体与局部冲击系数的概念。作参数分析时发现,双层桥的冲击系数最大值并非是在全桥响应的最不利位置处,整体冲击系数也不能完全包络结构局部杆件的冲击效应,进行双层桥设计时应该考虑结构局部部位的冲击系数才是比较合理的。

(6)在计算冲击系数时,中国桥梁规范(2015)计算公式中主要考虑的是桥梁结构基频(低频)影响,笔者认为计算桥梁局部动力效应时,应更多地考虑结构高阶局部振型所对应的高阶频率,才能更准确地反映桥梁的动力特性,获得更精确的冲击系数取值,更加真实地反映车辆对桥梁的冲击效应大小。

(7)中国桥梁规范(2015)的桥梁冲击系数计算方法不适用于双层公路钢桁梁桥,规范中的冲击系数计算值偏不安全,冲击系数计算公式应该为路面不平整度、车辆行驶状况等参数设定修正系数才是比较合理的。

(8)研究表明桥面不平整度对车-桥耦合振动影响显著,建议现行公路桥梁规范考虑采用包含桥面不平整度参数的桥梁冲击系数计算公式。在实际桥梁运营阶段,桥梁养护部门应注意桥面平整度的状态,应定期进行桥面不平整度状态的测量评定工作,保持较好的桥面平整度,以减少车辆对桥梁结构的动力冲击作用,确保桥梁结构的工作状态与承载能力。

由于公路车辆车型种类多,车辆性能差异大,车辆行驶速度可变性强,导致实际车流具有很强的不确定性,车流对桥梁结构的动载冲击作用具有很强的随机性。实际车-桥耦合振动分析应进一步考虑车流的随机性影响,开展随机车流作用下车-桥耦合振动研究能更真实地反映车流对桥梁结构的真实冲击作用。本书虽然提出了计算桥梁结构局部冲击效应时应考虑桥梁高阶振型频率影响的概念,但是缺少更多的理论与试验研究,建议今后进一步开展相关试验研究与数值分析,以制定具体的高阶频率参考标准与实用计算公式,便于工程应用。

附录 A 双轴半车模型匀速通过简支梁的 ANSYS 命令流

```
FINI
/CLEAR,start
/CONFIG,nrest,1e5
/PREP7
!!!!!!!!!!!! 输入模型参数
spanl=32
mc=3.85e4
Ia=2.446e6
ml=4.33e3
k1=4.28e6
k1c=9.8e4
k2=2.535e6
k2c=1.96e5
*ASK,speed,please input velocity of car(km/h),60
speedv=speed*1000/3600
em=2e11
area=2.1
im=3.5e10/em
deng=5.41e3/area
gra=9.8
*ASK,dyc,please input the length,0.2
*ENDIF
nn=ne+1
nn1=nn+1
zh=sqrt(em*im/(area*deng))
f1=acos(-1)/2/spanl/spanl*zh
ckdt=1/20/f1
*ASK,dt,please input dt,0.01
ckdl=speedv*dt
*ASK,dl,please input the distance,0.1
dt=dl/speedv
ET,1,3
ET,2,21,,,3
ET,3,14,,2
ET,4,184,1
MP,ex,1,em
MP,nuxy,1,0.2
MP,dens,1,deng
R,1,area,im,1,0,0,0
R,2,ml,0
R,3,mc,Ia
R,4,k1,k1c
R,5,k2,k2c
```

```
ne＝nint(32/dyc)
pd＝mod(ne,2)
*IF,pd,ne,0,THEN
ne＝ne＋1
REAL,1
MAT,1
*DO,i,1,ne
E,i,i＋1
*ENDDO
N,nn1,
N,nn1＋1,,0.5
N,nn1＋2,,1
N,nn1＋3,－4.2,1
N,nn1＋4,－8.4,1
N,nn1＋5,－8.4,0.5
N,nn1＋6,－8.4,0
ALLSEL
TYPE,2
REAL,2
E,nn1＋1
E,nn1＋5
TYPE,2,
REAL,3,
E,nn1＋3
TYPE,3
REAL,4
E,nn1,nn1＋1
E,nn1＋6,nn1＋5
REAL,5
E,nn1＋1,nn1＋2
E,nn1＋5,nn1＋4
ALLSEL
```

```
*DO,i,1,nn
N,i,(i－1)*dyc
*ENDDO
TYPE,1
N,nn1＋12,,1
N,nn1＋14,－8.4,1
TYPE,4
E,nn1＋12,nn1＋3
E,nn1＋14,nn1＋3
D,1,ux,,,,,uy
D,nn,uy
D,nn1,all,
D,nn1＋6,all
D,nn1＋1,all
D,nn1＋2,all
D,nn1＋3,all
D,nn1＋4,all
D,nn1＋5,all
DDELE,nn1＋1,uy
DDELE,nn1＋2,uy
DDELE,nn1＋3,uy
DDELE,nn1＋4,uy
DDELE,nn1＋5,uy
DDELE,nn1＋3,rotz
CE,1,0,nn1＋12,uy,1,nn1＋2,uy,－1
CE,2,0,nn1＋14,uy,1,nn1＋4,uy,－1
!!!!!!!! 进行求解!!!!!!!!!!!
FINI
/SOLU
ANTYPE,4
SSTIF,on
NROPT,full
```

```
OUTRES,all,all
TIMINT,off

TIME,1e-5
F,nn1+1,fy,-ml*9.8
F,nn1+5,fy,-ml*9.8
F,nn1+3,fy,-mc*9.8
ALLSEL
NSUBST,2
KBC,1
SOLVE
TIMINT,on

OUTRES,all,all
NSUBST,1,1,1
KBC,1
AUTOTS,off
*DO,i,1,nint((32+8.4)/dl)
CEDELE,3,10000
DDEL,nn1,uy
DDEL,nn1+6,uy

*SET,qlwz,(i-1)*dl
*SET,hlwz,qlwz-8.4
*SET,cdist,(i-1)*dl
D,nn1,ux,cdist
D,nn1+1,ux,cdist

D,nn1+2,ux,cdist
D,nn1+3,ux,cdist
D,nn1+4,ux,cdist
D,nn1+5,ux,cdist
```

```
D,nn1+6,ux,cdist
*IF,qlwz,ge,0,and,qlwz,le,
spanl,then
*SET,zjjdh,node(qlwz,0,0)
*IF,zjjdh,eq,1,then
*SET,dyh,1
*ELSEIF,zjjdh,eq,nn
*SET,dyh,ne
*ELSE
*SET,ndl,zjjdh-1
*SET,ndg,zjjdh+1
*IF,qlwz,ge,nx(ndl),and,ql-
wz,lt,nx(zjjdh),then
*SET,dyh,enearn(zjjdh)
*ELSE
*SET,dyh,enearn(zjjdh)+1
*ENDIF
*ENDIF
*SET,nih,nelem(dyh,1)
*SET,njh,nelem(dyh,2)
dyzbx=2*(qlwz-nx(nih))/
distnd(nih,njh)-1
CE,next,0,nih,uy,0.5*(1-dyzbx/
2*(3-dyzbx**2)),njh,uy,0.5*(1+
dyzbx/2*(3-dyzbx**2))
CE,,nih,rotz,distnd(nih,njh)/8*(1
-dyzbx**2)*(1-dyzbx),njh,rotz,
distnd(nih,njh)/8*(1-dyzbx**2)*(1
+dyzbx)
CE,,,nn1,uy,-1
*ELSE
D,nn1,uy
*ENDIF
```

＊IF,hlwz,ge,0,and,hlwz,le,spanl,then

＊SET,zjjdh,node(hlwz,0,0)

＊IF,zjjdh,eq,1,then

＊SET,dyh,1

＊elseIf,zjjdh,eq,nn

＊SET,dyh,ne

＊ELSE

＊SET,ndl,zjjdh−1

＊SET,ndg,zjjdh＋1

＊IF,hlwz,ge,nx(ndl),and,hlwz,lt,nx(zjjdh),THEN

＊SET,dyh,enearn(zjjdh)

＊ELSE

＊SET,dyh,enearn(zjjdh)＋1

＊ENDIF

＊ENDIF

＊SET,nih,nelem(dyh,1)

＊SET,njh,nelem(dyh,2)

dyzbx＝2＊(hlwz−nx(nih))/distnd(nih,njh)−1

CE,next,0,nih,uy,0.5＊(1−dyzbx/2＊(3−dyzbx＊＊2)),njh,uy,0.5＊(1＋dyzbx/2＊(3−dyzbx＊＊2))

CE,,,nih,rotz,distnd(nih,njh)/8＊(1−dyzbx＊＊2)＊(1−dyzbx),njh,rotz,distnd(nih,njh)/8＊(1−dyzbx＊＊2)＊(1＋dyzbx)

CE,,,nn1＋6,uy,−1

＊ELSE

D,nn1＋6,uy

＊ENDIF

TIME,i＊dt

SOLVE

＊ENDDO

FINISH

附录 B　常见车辆模型示意图与 APDL 宏文件

1. 平面双轴半车模型

图 B.1 为平面双轴半车模型示意图,车体简化为质量集中于质心处的刚体,M_c、I_c 分别为车体质量与点头刚度;车轮与车轴简化为质量集中于车轴质心处的刚体,m_1、m_2 分别为前、后车轴与车轮的质量;车辆悬架及车轮与地面连接等效为弹簧阻尼器,k_{u1}、c_{u1}、k_{d1}、c_{d1} 分别为悬架弹簧阻尼器与车轮的刚度系数、阻尼系数。由于本书主要考虑车辆对桥梁结构的竖向冲击动力作用,以图 B.1 中坐标系为基准,平面双轴半车模型车体自由度考虑竖向 Y 轴与绕 Z 轴的转动自由度,前后车轮仅考虑其 Y 轴方向自由度。

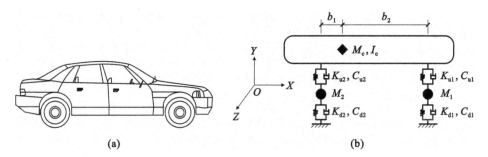

(a)　　　　　　　　　　　　　　(b)

图 B.1　平面双轴半车模型

(a) 车辆外观示意图;(b) 平面双轴半车模型

采用 ANSYS 软件的 APDL 语言建立简化平面双轴半车多刚体有限元模型,为便于多车辆的创建,将其封装为宏文件 Vehicle_Type1.mac,宏文件 Vehicle_Type1.mac 内部变量 ARG1 与 ARG2 分别表示车辆所属车道与车辆在相应车道上的序号,其具体实现命令流如下:

```
/NOPR
finish
/prep7
* del,_nstart
* SET,_nstart,ARG1 * 1000000 + _z3 * 10000 + _Vehicles_FEM2
(ARG2,2,ARG1) * 100
* SET,_clxloc,_Vehicles_FEM2(ARG2,3,ARG1)
* SET,_clyloc,_Lanes_Inform(ARG1,5)
* SET,_Fac,_Lanes_Inform(ARG1,2)
* SET,_clzloc,_Vehicles_FEM2(ARG2,4,ARG1) * _Fac + _Lanes_In-
form(ARG1,6)
! 以上定出车辆中心车轮平面处起始位置
* IF,_Lanes_Inform(ARG1,2),EQ,1,THEN
* SET,_Factor,-1
* ELSE
* SET,_Factor,1
* ENDIF
* SET,_Clength,_Vehicles_FEM2(ARG2,5,ARG1) + _Vehicles_FEM2
(ARG2,7,ARG1)
* SET,_Clength,_Clength * (_Factor)
* SET,_Qzj,_Vehicles_FEM2(ARG2,5,ARG1) * (_Factor)
N,_nstart+1,_clxloc,_clyloc,_clzloc
N,_nstart+2,_clxloc+_Clength,_clyloc,_clzloc
N,_nstart+11,_clxloc,_clyloc+0.5,_clzloc
N,_nstart+12,_clxloc+_Clength,_clyloc+0.5,_clzloc
N,_nstart+21,_clxloc,_clyloc+1,_clzloc
N,_nstart+22,_clxloc+_Clength,_clyloc+1,_clzloc
N,_nstart+31,_clxloc,_clyloc+1,_clzloc
N,_nstart+32,_clxloc+_Clength,_clyloc+1,_clzloc
N,_nstart+33,_clxloc+_Qzj,_clyloc+1,_clzloc
! 指定单元特性实常数,按照车辆车道与序号编排
* SET,_rstart,ARG1 * 10000 + ARG2 * 100
* SET,_kd1,_Vehicles_FEM2(ARG2,20,ARG1)
```

```
* SET,_cd1,_Vehicles_FEM2(ARG2,21,ARG1)
* SET,_ks1,_Vehicles_FEM2(ARG2,18,ARG1)
* SET,_cs1,_Vehicles_FEM2(ARG2,19,ARG1)
* SET,_kd2,_Vehicles_FEM2(ARG2,36,ARG1)
* SET,_cd2,_Vehicles_FEM2(ARG2,37,ARG1)
* SET,_ks2,_Vehicles_FEM2(ARG2,34,ARG1)
* SET,_cs2,_Vehicles_FEM2(ARG2,35,ARG1)
* SET,_ml1,_Vehicles_FEM2(ARG2,12,ARG1)
* SET,_ml2,_Vehicles_FEM2(ARG2,16,ARG1)
* SET,_Mc3,_Vehicles_FEM2(ARG2,9,ARG1)
* SET,_MJfy,_Vehicles_FEM2(ARG2,10,ARG1)
R,_rstart＋1,_kd1,_cd1
R,_rstart＋2,_kd2,_cd2
R,_rstart＋11,_ks1,_cs1
R,_rstart＋12,_ks2,_cs2
R,_rstart＋21,,_ml1,,,,,
R,_rstart＋22,,_ml2,,,,,
R,_rstart＋23,,_Mc3,,,,MJfy,
* SET,_estart,ARG1 * 1000000＋ARG2 * 10000＋_Vehicles_FEM2
(ARG2,2,ARG1) * 100
TYPE,10000
REAL,_rstart＋21
EN,_estart＋21,_nstart＋11
REAL,_rstart＋22
EN,_estart＋22,_nstart＋12
REAL,_rstart＋23
EN,_estart＋23,_nstart＋33
TYPE,20000
REAL,_rstart＋1
EN,_estart＋1,_nstart＋1,_nstart＋11
REAL,_rstart＋2
EN,_estart＋2,_nstart＋2,_nstart＋12
REAL,_rstart＋11
```

```
EN,_estart+11,_nstart+11,_nstart+21
REAL,_rstart+12
EN,_estart+12,_nstart+12,_nstart+22
TYPE,30000
EN,_estart+31,_nstart+31,_nstart+33
EN,_estart+32,_nstart+32,_nstart+33
D,_nstart+1,all,0
D,_nstart+2,all,0
D,_nstart+11,all,0
D,_nstart+12,all,0
D,_nstart+21,all,0
D,_nstart+22,all,0
DDELE,_nstart+11,UY
DDELE,_nstart+12,UY
DDELE,_nstart+21,UY
DDELE,_nstart+22,UY
D,_nstart+33,UX,0
D,_nstart+33,UZ,0
D,_nstart+33,ROTX,0
D,_nstart+33,ROTY,0
!!!!!!!!!!!!!!!!! 建立约束!!!!!!!!!!!!!!!!!!!!!!!!
*SET,_cestart,ARG1*10000+ARG2*100
ce,_cestart+1,0,_nstart+31,uy,1,_nstart+21,uy,-1
ce,_cestart+2,0,_nstart+32,uy,1,_nstart+22,uy,-1
NSEL,S,,,_nstart+1,_nstart+99
CM,_cd%ARG1%_cl%ARG2%_node,NODE
ESEL,S,,,_estart+1,_estart+99
CM,_cd%ARG1%_cl%ARG2%_elem,ELEMENT
ALLSEL
/GO
```

2.平面三轴半车模型

图 B.2 为平面三轴半车模型示意图,车体简化为质量集中于质心处的刚体,M_c、I_c 分别为车体质量与点头刚度;车轮与车轴简化为质量集中于车轴质心

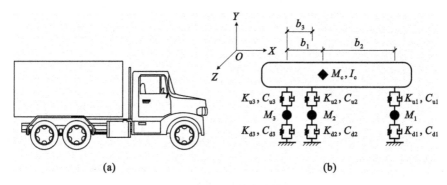

图 B.2 平面三轴半车模型

(a) 车辆外观示意图；(b) 平面三轴半车模型

处的刚体，m_1、m_2、m_3 分别为前轴、中轴、后轴与车轮的质量；车辆悬架及车轮与地面连接等效为弹簧阻尼器，k_{ui}、c_{ui}、k_{di}、c_{di}（$i=1,2,3$）分别为悬架弹簧阻尼器与车轮的刚度系数、阻尼系数。由于本书主要考虑车辆对桥梁结构的竖向冲击动力作用，以图 B.2 中坐标系为基准，平面三轴半车模型车体自由度考虑竖向 Y 轴与绕 Z 轴的转动自由度，三个车轮仅考虑其 Y 轴方向自由度。

采用 ANSYS 软件的 APDL 语言建立简化平面三轴半车多刚体有限元模型，为了便于多车辆的创建，将其封装为宏文件 Vehicle_Type2.mac，宏文件 Vehicle_Type2.mac 内部变量 ARG1 与 ARG2 分别表示车辆所属车道与车辆在相应车道上的序号，其具体实现命令流如下：

/NOPR

finish

/prep7

*del,_nstart

*SET,_nstart,ARG1 * 1000000 + _z3 * 10000 + _Vehicles_FEM2(ARG2,2,ARG1) * 100

*SET,_clxloc,_Vehicles_FEM2(ARG2,3,ARG1)

*SET,_clyloc,_Lanes_Inform(ARG1,5)

*SET,_Fac,_Lanes_Inform(ARG1,2)

*SET,_clzloc,_Vehicles_FEM2(ARG2,4,ARG1) * _Fac+_Lanes_Inform(ARG1,6)

! 以上定出车辆中心车轮平面处起始位置

*IF,_Lanes_Inform(ARG1,2),EQ,1,THEN

```
* SET,_Factor,-1
* SET,_Factor2,1
* ELSE
* SET,_Factor,1
* SET,_Factor2,-1
* ENDIF
* SET,_Clength,_Vehicles_FEM2(ARG2,5,ARG1)+_Vehicles_FEM2
(ARG2,7,ARG1)
* SET,_Clength_hl,_Clength*(_Factor)
* SET,_Clength_zl,_Clength_hl+_Vehicles_FEM2(ARG2,6,ARG1)*
(_Factor2)
* SET,_Qzj,_Vehicles_FEM2(ARG2,5,ARG1)*(_Factor)
N,_nstart+1,_clxloc,_clyloc,_clzloc
N,_nstart+2,_clxloc+_Clength_zl,_clyloc,_clzloc
N,_nstart+3,_clxloc+_Clength_hl,_clyloc,_clzloc
N,_nstart+11,_clxloc,_clyloc+0.8,_clzloc
N,_nstart+12,_clxloc+_Clength_zl,_clyloc+0.8,_clzloc
N,_nstart+13,_clxloc+_Clength_hl,_clyloc+0.8,_clzloc
N,_nstart+21,_clxloc,_clyloc+1.6,_clzloc
N,_nstart+22,_clxloc+_Clength_zl,_clyloc+1.6,_clzloc
N,_nstart+23,_clxloc+_Clength_hl,_clyloc+1.6,_clzloc
N,_nstart+31,_clxloc,_clyloc+1.6,_clzloc
N,_nstart+32,_clxloc+_Clength_zl,_clyloc+1.6,_clzloc
N,_nstart+33,_clxloc+_Clength_hl,_clyloc+1.6,_clzloc
N,_nstart+34,_clxloc+_Qzj,_clyloc+1.6,_clzloc
! 指定单元特性实常数,按照车辆车道与序号编排
* SET,_rstart,ARG1*10000+ARG2*100
* SET,_kd1,_Vehicles_FEM2(ARG2,20,ARG1)
* SET,_cd1,_Vehicles_FEM2(ARG2,21,ARG1)
* SET,_ks1,_Vehicles_FEM2(ARG2,18,ARG1)
* SET,_cs1,_Vehicles_FEM2(ARG2,19,ARG1)
* SET,_kd2,_Vehicles_FEM2(ARG2,28,ARG1)
* SET,_cd2,_Vehicles_FEM2(ARG2,29,ARG1)
```

```
* SET,_ks2,_Vehicles_FEM2(ARG2,26,ARG1)
* SET,_cs2,_Vehicles_FEM2(ARG2,27,ARG1)
* SET,_kd3,_Vehicles_FEM2(ARG2,36,ARG1)
* SET,_cd3,_Vehicles_FEM2(ARG2,37,ARG1)
* SET,_ks3,_Vehicles_FEM2(ARG2,34,ARG1)
* SET,_cs3,_Vehicles_FEM2(ARG2,35,ARG1)
* SET,_ml1,_Vehicles_FEM2(ARG2,12,ARG1)
* SET,_ml2,_Vehicles_FEM2(ARG2,14,ARG1)
* SET,_ml3,_Vehicles_FEM2(ARG2,16,ARG1)
* SET,_Mc3,_Vehicles_FEM2(ARG2,9,ARG1)
* SET,_MJfy,_Vehicles_FEM2(ARG2,10,ARG1)
R,_rstart+1,_kd1,_cd1
R,_rstart+2,_kd2,_cd2
R,_rstart+3,_kd3,_cd3
R,_rstart+11,_ks1,_cs1
R,_rstart+12,_ks2,_cs2
R,_rstart+13,_ks3,_cs3
R,_rstart+21,,_ml1,,,,,
R,_rstart+22,,_ml2,,,,,
R,_rstart+23,,_ml3,,,,,
R,_rstart+31,,_Mc3,,,,MJfy,
* SET,_estart,ARG1 * 1000000 + ARG2 * 10000 + _Vehicles_FEM2
(ARG2,2,ARG1) * 100
TYPE,10000
REAL,_rstart+21
EN,_estart+21,_nstart+11
REAL,_rstart+22
EN,_estart+22,_nstart+12
REAL,_rstart+23
EN,_estart+23,_nstart+13
REAL,_rstart+31
EN,_estart+24,_nstart+34
TYPE,20000
```

```
REAL,_rstart+1
EN,_estart+1,_nstart+1,_nstart+11
REAL,_rstart+2
EN,_estart+2,_nstart+2,_nstart+12
REAL,_rstart+3
EN,_estart+3,_nstart+3,_nstart+13
REAL,_rstart+11
EN,_estart+11,_nstart+11,_nstart+21
REAL,_rstart+12
EN,_estart+12,_nstart+12,_nstart+22
REAL,_rstart+13
EN,_estart+13,_nstart+13,_nstart+23
TYPE,30000
*IF,_Vehicles_FEM2(ARG2,7,ARG1),GT,_Vehicles_FEM2(ARG2,
6,ARG1),THEN
EN,_estart+31,_nstart+31,_nstart+34
EN,_estart+32,_nstart+34,_nstart+32
EN,_estart+33,_nstart+32,_nstart+33
*ELSE
EN,_estart+31,_nstart+31,_nstart+32
EN,_estart+32,_nstart+32,_nstart+34
EN,_estart+33,_nstart+34,_nstart+33
D,_nstart+1,all,0
D,_nstart+2,all,0
D,_nstart+3,all,0
D,_nstart+11,all,0
D,_nstart+12,all,0
D,_nstart+13,all,0
D,_nstart+21,all,0
D,_nstart+22,all,0
D,_nstart+23,all,0
DDELE,_nstart+11,UY
DDELE,_nstart+12,UY
```

```
DDELE,_nstart+13,UY
DDELE,_nstart+21,UY
DDELE,_nstart+22,UY
DDELE,_nstart+23,UY
D,_nstart+34,UX,0
D,_nstart+34,UZ,0
D,_nstart+34,ROTX,0
D,_nstart+34,ROTY,0
!!!!!!!!!!!!!!!!! 建立约束!!!!!!!!!!!!!!!!!!!!!!!!
*SET,_cestart,ARG1*10000+ARG2*100
ce,_cestart+1,0,_nstart+31,uy,1,_nstart+21,uy,-1
ce,_cestart+2,0,_nstart+32,uy,1,_nstart+22,uy,-1
ce,_cestart+3,0,_nstart+33,uy,1,_nstart+23,uy,-1
NSEL,S,,,_nstart+1,_nstart+99
CM,_cd%ARG1%_cl%ARG2%_node,NODE
ESEL,S,,,_estart+1,_estart+99
CM,_cd%ARG1%_cl%ARG2%_elem,ELEM
ALLSEL
fini
/GO
```

3. 空间双轴整车模型

图 B.3 为空间双轴整车模型示意图,车体简化为质量集中于质心处的刚体,M_c、I_{c1}、I_{c2} 分别为车体质量、点头刚度(绕 Z 轴)与侧滚刚度(绕 X 轴);车轮与车轴简化为质量集中于车轴质心处的刚体,m_1、m_2、m_3、m_4 分别为前轴与后轴的左、右车轮的质量;车辆悬架及车轮与地面连接等效为弹簧阻尼器,k_{ui}、c_{ui}、k_{di}、c_{di}($i=1,2,3,4$)分别为悬架弹簧阻尼器与车轮的刚度系数、阻尼系数。由于本书主要考虑车辆对桥梁结构的竖向冲击动力作用,以图 B.3 中坐标系为基准,空间双轴整车模型车体自由度考虑 Y 轴方向自由度、绕 Z 轴的转动自由度与绕 X 轴的转动自由度,四个车轮仅考虑其 Y 轴方向自由度。

采用 ANSYS 软件的 APDL 语言建立简化空间双轴车辆多刚体有限元模型,为了便于多车辆的创建,将其封装为宏文件 Vehicle_Type3. mac,宏文件 Vehicle_Type3. mac 内部变量 ARG1 与 ARG2 分别表示车辆所属车道与车辆在相应车道上的序号,其具体实现命令流如下:

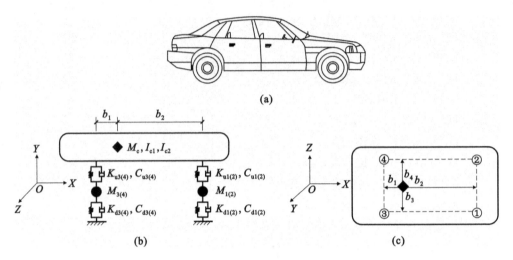

(a)

(b)   **(c)**

图 B.3 空间双轴整车模型

(a) 车辆外观示意图；(b) 车辆立面示意图；(c) 车辆平面示意图

/NOPR

finish

/prep7

* del,_nstart

* SET,_nstart,ARG1 * 1000000 ＋ _z3 * 10000 ＋ _Vehicles_FEM2(ARG2,2,ARG1) * 100

* SET,_clxloc,_Vehicles_FEM2(ARG2,3,ARG1)

* SET,_clyloc,_Lanes_Inform(ARG1,5)

* SET,_Fac,_Lanes_Inform(ARG1,2)

* SET,_clzloc,_Vehicles_FEM2(ARG2,4,ARG1) * _Fac＋_Lanes_Inform(ARG1,6)

* IF,_Lanes_Inform(ARG1,2),EQ,1,THEN

* SET,_Factor,－1

* ELSE

* SET,_Factor,1

* ENDIF

* SET,_left_clzloc,_clzloc＋(_Vehicles_FEM2(ARG2,8,ARG1)/2) * (_Factor)

* SET,_right_clzloc,_clzloc－(_Vehicles_FEM2(ARG2,8,ARG1)/2) *

（_Factor）

！以上定出车辆中心车轮平面处起始位置

*SET,_Clength,_Vehicles_FEM2（ARG2,5,ARG1）＋_Vehicles_FEM2（ARG2,7,ARG1）

SET,_Clength,_Clength（_Factor）

SET,_Qzj,_Vehicles_FEM2（ARG2,5,ARG1）（_Factor）

N,_nstart＋1,_clxloc,_clyloc,_left_clzloc

N,_nstart＋2,_clxloc,_clyloc,_right_clzloc

N,_nstart＋3,_clxloc＋_Clength,_clyloc,_left_clzloc

N,_nstart＋4,_clxloc＋_Clength,_clyloc,_right_clzloc

N,_nstart＋11,_clxloc,_clyloc＋0.5,_left_clzloc

N,_nstart＋12,_clxloc,_clyloc＋0.5,_right_clzloc

N,_nstart＋13,_clxloc＋_Clength,_clyloc＋0.5,_left_clzloc

N,_nstart＋14,_clxloc＋_Clength,_clyloc＋0.5,_right_clzloc

N,_nstart＋21,_clxloc,_clyloc＋1,_left_clzloc

N,_nstart＋22,_clxloc,_clyloc＋1,_right_clzloc

N,_nstart＋23,_clxloc＋_Clength,_clyloc＋1,_left_clzloc

N,_nstart＋24,_clxloc＋_Clength,_clyloc＋1,_right_clzloc

N,_nstart＋31,_clxloc,_clyloc＋1,_left_clzloc

N,_nstart＋32,_clxloc,_clyloc＋1,_right_clzloc

N,_nstart＋33,_clxloc＋_Clength,_clyloc＋1,_left_clzloc

N,_nstart＋34,_clxloc＋_Clength,_clyloc＋1,_right_clzloc

N,_nstart＋35,_clxloc＋_Qzj,_clyloc＋1,_clzloc

N,_nstart＋36,_clxloc,_clyloc＋1,_clzloc

N,_nstart＋37,_clxloc＋_Clength,_clyloc＋1,_clzloc

！指定单元特性实常数，按照车辆车道与序号编排

*SET,_rstart,ARG1*10000＋ARG2*100

*SET,_kd1,_Vehicles_FEM2（ARG2,20,ARG1）

*SET,_cd1,_Vehicles_FEM2（ARG2,21,ARG1）

*SET,_ks1,_Vehicles_FEM2（ARG2,18,ARG1）

*SET,_cs1,_Vehicles_FEM2（ARG2,19,ARG1）

*SET,_kd2,_Vehicles_FEM2（ARG2,24,ARG1）

*SET,_cd2,_Vehicles_FEM2（ARG2,25,ARG1）

```
* SET,_ks2,_Vehicles_FEM2(ARG2,22,ARG1)
* SET,_cs2,_Vehicles_FEM2(ARG2,23,ARG1)
* SET,_kd3,_Vehicles_FEM2(ARG2,36,ARG1)
* SET,_cd3,_Vehicles_FEM2(ARG2,37,ARG1)
* SET,_ks3,_Vehicles_FEM2(ARG2,34,ARG1)
* SET,_cs3,_Vehicles_FEM2(ARG2,35,ARG1)
* SET,_kd4,_Vehicles_FEM2(ARG2,40,ARG1)
* SET,_cd4,_Vehicles_FEM2(ARG2,41,ARG1)
* SET,_ks4,_Vehicles_FEM2(ARG2,38,ARG1)
* SET,_cs4,_Vehicles_FEM2(ARG2,39,ARG1)
* SET,_ml1,_Vehicles_FEM2(ARG2,12,ARG1)
* SET,_ml2,_Vehicles_FEM2(ARG2,13,ARG1)
* SET,_ml3,_Vehicles_FEM2(ARG2,16,ARG1)
* SET,_ml4,_Vehicles_FEM2(ARG2,17,ARG1)
* SET,_Mc3,_Vehicles_FEM2(ARG2,9,ARG1)
* SET,_MJfy,_Vehicles_FEM2(ARG2,10,ARG1)
* SET,_MJcg,_Vehicles_FEM2(ARG2,11,ARG1)
R,_rstart+1,_kd1,_cd1
R,_rstart+2,_kd2,_cd2
R,_rstart+3,_kd3,_cd3
R,_rstart+4,_kd4,_cd4
R,_rstart+11,_ks1,_cs1
R,_rstart+12,_ks2,_cs2
R,_rstart+13,_ks3,_cs3
R,_rstart+14,_ks4,_cs4
R,_rstart+21,,_ml1,,,,
R,_rstart+22,,_ml2,,,,
R,_rstart+23,,_ml3,,,,
R,_rstart+24,,_ml4,,,,
R,_rstart+25,,_Mc3,,MJcg,,MJfy
* SET,_estart,ARG1 * 1000000 + ARG2 * 10000 + _Vehicles_FEM2
(ARG2,2,ARG1) * 100
TYPE,10000
```

```
REAL,_rstart+21
EN,_estart+21,_nstart+11
REAL,_rstart+22
EN,_estart+22,_nstart+12
REAL,_rstart+23
EN,_estart+23,_nstart+13
REAL,_rstart+24
EN,_estart+24,_nstart+14
REAL,_rstart+25
EN,_estart+25,_nstart+35
TYPE,20000
REAL,_rstart+1
EN,_estart+1,_nstart+1,_nstart+11
REAL,_rstart+2
EN,_estart+2,_nstart+2,_nstart+12
REAL,_rstart+3
EN,_estart+3,_nstart+3,_nstart+13
REAL,_rstart+4
EN,_estart+4,_nstart+4,_nstart+14
REAL,_rstart+11
EN,_estart+11,_nstart+11,_nstart+21
REAL,_rstart+12
EN,_estart+12,_nstart+12,_nstart+22
REAL,_rstart+13
EN,_estart+13,_nstart+13,_nstart+23
REAL,_rstart+14
EN,_estart+14,_nstart+14,_nstart+24
TYPE,30000
EN,_estart+31,_nstart+31,_nstart+36
EN,_estart+32,_nstart+32,_nstart+36
EN,_estart+33,_nstart+33,_nstart+37
EN,_estart+34,_nstart+34,_nstart+37
EN,_estart+35,_nstart+35,_nstart+36
```

```
EN,_estart+36,_nstart+35,_nstart+37
D,_nstart+1,all,0
D,_nstart+2,all,0
D,_nstart+3,all,0
D,_nstart+4,all,0
D,_nstart+11,all,0
D,_nstart+12,all,0
D,_nstart+13,all,0
D,_nstart+14,all,0
D,_nstart+21,all,0
D,_nstart+22,all,0
D,_nstart+23,all,0
D,_nstart+24,all,0
DDELE,_nstart+11,UY
DDELE,_nstart+12,UY
DDELE,_nstart+13,UY
DDELE,_nstart+14,UY
DDELE,_nstart+21,UY
DDELE,_nstart+22,UY
DDELE,_nstart+23,UY
DDELE,_nstart+24,UY
D,_nstart+35,UX,0
D,_nstart+35,UZ,0
D,_nstart+35,ROTY,0
!!!!!!!!!!!!!!!! 建立约束!!!!!!!!!!!!!!!!!!!!!!!!
*SET,_cestart,ARG1*10000+ARG2*100
ce,_cestart+1,0,_nstart+31,uy,1,_nstart+21,uy,-1
ce,_cestart+2,0,_nstart+32,uy,1,_nstart+22,uy,-1
ce,_cestart+3,0,_nstart+33,uy,1,_nstart+23,uy,-1
ce,_cestart+4,0,_nstart+34,uy,1,_nstart+24,uy,-1
NSEL,S,,,_nstart+1,_nstart+99
CM,_cd%ARG1%_cl%ARG2%_node,NODE
ESEL,S,,,_estart+1,_estart+99
```

CM,_cd％ARG1％_cl％ARG2％_elem,ELEMENT

ALLSEL

fini

/GO

4. 空间三轴整车模型

图 B.4 为空间三轴整车模型示意图,车体简化为质量集中于质心处的刚体,M_c、I_{c1}、I_{c2} 分别为车体质量、点头刚度(绕 Z 轴)与侧滚刚度(绕 X 轴);车轮与车轴简化为质量集中于车轴质心处的刚体,m_1、m_2、m_3、m_4、m_5、m_6 分别为前轴、中轴与后轴的左、右车轮的质量;车辆悬架及车轮与地面连接等效为弹簧阻尼器,k_{ui}、c_{ui}、k_{di}、$c_{di}(i=1,2,3,4,5,6)$ 分别为悬架弹簧阻尼器与车轮的刚度系数、阻尼系数。由于本书主要考虑车辆对桥梁结构的竖向冲击动力作用,以图 B.4 中坐标系为基准,空间双轴整车模型车体自由度考虑 Y 轴方向自由度、绕 Z 轴的转动自由度与绕 X 轴的转动自由度,六个车轮仅考虑其 Y 轴方向自由度。

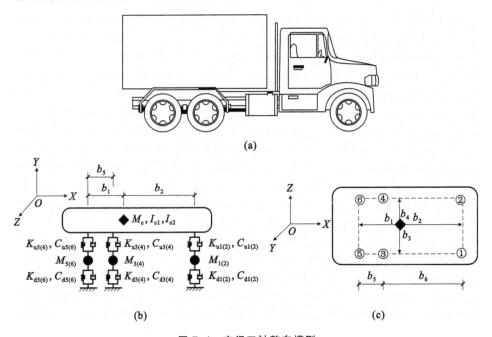

图 B.4　空间三轴整车模型

(a) 车辆外观示意图;(b) 车辆立面示意图;(c) 车辆平面示意图

采用 ANSYS 软件的 APDL 语言建立简化空间双轴车辆多刚体有限元模型,为了便于多车辆的创建,将其封装为宏文件 Vehicle_Type4.mac,宏文件

Vehicle_Type4.mac 内部变量 ARG1 与 ARG2 分别表示车辆所属车道与车辆在相应车道上的序号,其具体实现命令流如下:

```
/NOPR
finish
/prep7
*del,_nstart
*SET,_nstart,ARG1*1000000+_z3*10000+_Vehicles_FEM2
(ARG2,2,ARG1)*100
*SET,_clxloc,_Vehicles_FEM2(ARG2,3,ARG1)
*SET,_clyloc,_Lanes_Inform(ARG1,5)
*SET,_Fac,_Lanes_Inform(ARG1,2)
*SET,_clzloc,_Vehicles_FEM2(ARG2,4,ARG1)*_Fac+_Lanes_In-
form(ARG1,6)
*IF,_Lanes_Inform(ARG1,2),EQ,1,THEN
*SET,_Factor,-1
*SET,_Factor2,1
*ELSE
*SET,_Factor,1
*SET,_Factor2,-1
*ENDIF
*SET,_left_clzloc,_clzloc+(_Vehicles_FEM2(ARG2,8,ARG1)/2)*(_
Factor)
*SET,_right_clzloc,_clzloc-(_Vehicles_FEM2(ARG2,8,ARG1)/2)*
(_Factor)
！以上定出车辆中心车轮平面处起始位置
*SET,_Clength,_Vehicles_FEM2(ARG2,5,ARG1)+_Vehicles_FEM2
(ARG2,7,ARG1)
*SET,_Clength_hl,_Clength*(_Factor)
*SET,_Clength_zl,_Clength_hl+_Vehicles_FEM2(ARG2,6,ARG1)*
(_Factor2)
*SET,_Qzj,_Vehicles_FEM2(ARG2,5,ARG1)*(_Factor)
N,_nstart+1,_clxloc,_clyloc,_left_clzloc
N,_nstart+2,_clxloc,_clyloc,_right_clzloc
```

N,_nstart+3,_clxloc+_Clength_zl,_clyloc,_left_clzloc

N,_nstart+4,_clxloc+_Clength_zl,_clyloc,_right_clzloc

N,_nstart+5,_clxloc+_Clength_hl,_clyloc,_left_clzloc

N,_nstart+6,_clxloc+_Clength_hl,_clyloc,_right_clzloc

N,_nstart+11,_clxloc,_clyloc+0.8,_left_clzloc

N,_nstart+12,_clxloc,_clyloc+0.8,_right_clzloc

N,_nstart+13,_clxloc+_Clength_zl,_clyloc+0.8,_left_clzloc

N,_nstart+14,_clxloc+_Clength_zl,_clyloc+0.8,_right_clzloc

N,_nstart+15,_clxloc+_Clength_hl,_clyloc+0.8,_left_clzloc

N,_nstart+16,_clxloc+_Clength_hl,_clyloc+0.8,_right_clzloc

N,_nstart+21,_clxloc,_clyloc+1.6,_left_clzloc

N,_nstart+22,_clxloc,_clyloc+1.6,_right_clzloc

N,_nstart+23,_clxloc+_Clength_zl,_clyloc+1.6,_left_clzloc

N,_nstart+24,_clxloc+_Clength_zl,_clyloc+1.6,_right_clzloc

N,_nstart+25,_clxloc+_Clength_hl,_clyloc+1.6,_left_clzloc

N,_nstart+26,_clxloc+_Clength_hl,_clyloc+1.6,_right_clzloc

N,_nstart+31,_clxloc,_clyloc+1.6,_left_clzloc

N,_nstart+32,_clxloc,_clyloc+1.6,_right_clzloc

N,_nstart+33,_clxloc+_Clength_zl,_clyloc+1.6,_left_clzloc

N,_nstart+34,_clxloc+_Clength_zl,_clyloc+1.6,_right_clzloc

N,_nstart+35,_clxloc+_Clength_hl,_clyloc+1.6,_left_clzloc

N,_nstart+36,_clxloc+_Clength_hl,_clyloc+1.6,_right_clzloc

N,_nstart+37,_clxloc,_clyloc+1.6,_clzloc

N,_nstart+38,_clxloc+_Clength_zl,_clyloc+1.6,_clzloc

N,_nstart+39,_clxloc+_Clength_hl,_clyloc+1.6,_clzloc

N,_nstart+40,_clxloc+_Qzj,_clyloc+1.6,_clzloc

！指定单元特性实常数,按照车辆车道与序号编排

* SET,_rstart,ARG1*10000+ARG2*100

* SET,_kd1,_Vehicles_FEM2(ARG2,20,ARG1)

* SET,_cd1,_Vehicles_FEM2(ARG2,21,ARG1)

* SET,_ks1,_Vehicles_FEM2(ARG2,18,ARG1)

* SET,_cs1,_Vehicles_FEM2(ARG2,19,ARG1)

* SET,_kd2,_Vehicles_FEM2(ARG2,24,ARG1)

```
* SET,_cd2,_Vehicles_FEM2(ARG2,25,ARG1)
* SET,_ks2,_Vehicles_FEM2(ARG2,22,ARG1)
* SET,_cs2,_Vehicles_FEM2(ARG2,23,ARG1)
* SET,_kd3,_Vehicles_FEM2(ARG2,28,ARG1)
* SET,_cd3,_Vehicles_FEM2(ARG2,29,ARG1)
* SET,_ks3,_Vehicles_FEM2(ARG2,26,ARG1)
* SET,_cs3,_Vehicles_FEM2(ARG2,27,ARG1)
* SET,_kd4,_Vehicles_FEM2(ARG2,32,ARG1)
* SET,_cd4,_Vehicles_FEM2(ARG2,33,ARG1)
* SET,_ks4,_Vehicles_FEM2(ARG2,30,ARG1)
* SET,_cs4,_Vehicles_FEM2(ARG2,31,ARG1)
* SET,_kd5,_Vehicles_FEM2(ARG2,36,ARG1)
* SET,_cd5,_Vehicles_FEM2(ARG2,37,ARG1)
* SET,_ks5,_Vehicles_FEM2(ARG2,34,ARG1)
* SET,_cs5,_Vehicles_FEM2(ARG2,35,ARG1)
* SET,_kd6,_Vehicles_FEM2(ARG2,40,ARG1)
* SET,_cd6,_Vehicles_FEM2(ARG2,41,ARG1)
* SET,_ks6,_Vehicles_FEM2(ARG2,38,ARG1)
* SET,_cs6,_Vehicles_FEM2(ARG2,39,ARG1)
!!!!!!!!!!!!!!!!!!!!!!!!!!!!!!!!!!!!!!!!!!!!!!!!!!!!!!!!!!
* SET,_ml1,_Vehicles_FEM2(ARG2,12,ARG1)
* SET,_ml2,_Vehicles_FEM2(ARG2,13,ARG1)
* SET,_ml3,_Vehicles_FEM2(ARG2,14,ARG1)
* SET,_ml4,_Vehicles_FEM2(ARG2,15,ARG1)
* SET,_ml5,_Vehicles_FEM2(ARG2,16,ARG1)
* SET,_ml6,_Vehicles_FEM2(ARG2,17,ARG1)
* SET,_Mc3,_Vehicles_FEM2(ARG2,9,ARG1)
* SET,_MJfy,_Vehicles_FEM2(ARG2,10,ARG1)
* SET,_MJcg,_Vehicles_FEM2(ARG2,11,ARG1)
R,_rstart+1,_kd1,_cd1
R,_rstart+2,_kd2,_cd2
R,_rstart+3,_kd3,_cd3
R,_rstart+4,_kd4,_cd4
```

```
R,_rstart+5,_kd5,_cd5
R,_rstart+6,_kd6,_cd6
R,_rstart+11,_ks1,_cs1
R,_rstart+12,_ks2,_cs2
R,_rstart+13,_ks3,_cs3
R,_rstart+14,_ks4,_cs4
R,_rstart+15,_ks5,_cs5
R,_rstart+16,_ks6,_cs6
!!!!!!!!!!!!!!!!!!!!!!!!!!!!!!!!!!!!
R,_rstart+21,,_ml1,,,,,
R,_rstart+22,,_ml2,,,,,
R,_rstart+23,,_ml3,,,,,
R,_rstart+24,,_ml4,,,,,
R,_rstart+25,,_ml5,,,,,
R,_rstart+26,,_ml6,,,,,
R,_rstart+27,,_Mc3,,MJcg,,MJfy
*SET,_estart,ARG1*1000000+ARG2*10000+_Vehicles_FEM2
(ARG2,2,ARG1)*100
TYPE,10000
REAL,_rstart+21
EN,_estart+21,_nstart+11
REAL,_rstart+22
EN,_estart+22,_nstart+12
REAL,_rstart+23
EN,_estart+23,_nstart+13
REAL,_rstart+24
EN,_estart+24,_nstart+14
REAL,_rstart+25
EN,_estart+25,_nstart+15
REAL,_rstart+26
EN,_estart+26,_nstart+16
REAL,_rstart+27
EN,_estart+27,_nstart+40
```

```
TYPE,20000
REAL,_rstart+1
EN,_estart+1,_nstart+1,_nstart+11
REAL,_rstart+2
EN,_estart+2,_nstart+2,_nstart+12
REAL,_rstart+3
EN,_estart+3,_nstart+3,_nstart+13
REAL,_rstart+4
EN,_estart+4,_nstart+4,_nstart+14
REAL,_rstart+5
EN,_estart+5,_nstart+5,_nstart+15
REAL,_rstart+6
EN,_estart+6,_nstart+6,_nstart+16
REAL,_rstart+11
EN,_estart+11,_nstart+11,_nstart+21
REAL,_rstart+12
EN,_estart+12,_nstart+12,_nstart+22
REAL,_rstart+13
EN,_estart+13,_nstart+13,_nstart+23
REAL,_rstart+14
EN,_estart+14,_nstart+14,_nstart+24
REAL,_rstart+15
EN,_estart+15,_nstart+15,_nstart+25
REAL,_rstart+16
EN,_estart+16,_nstart+16,_nstart+26
TYPE,30000
EN,_estart+31,_nstart+31,_nstart+37
EN,_estart+32,_nstart+32,_nstart+37
EN,_estart+33,_nstart+33,_nstart+38
EN,_estart+34,_nstart+34,_nstart+38
EN,_estart+35,_nstart+35,_nstart+39
EN,_estart+36,_nstart+36,_nstart+39
*IF,_Vehicles_FEM2(ARG2,7,ARG1),GT,_Vehicles_FEM2(ARG2,
```

```
6,ARG1),THEN
    EN,_estart+37,_nstart+37,_nstart+40
    EN,_estart+38,_nstart+40,_nstart+38
    EN,_estart+39,_nstart+38,_nstart+39
    *ELSE
    EN,_estart+37,_nstart+37,_nstart+38
    EN,_estart+38,_nstart+38,_nstart+40
    EN,_estart+39,_nstart+40,_nstart+39
    *ENDIF
    D,_nstart+1,all,0
    D,_nstart+2,all,0
    D,_nstart+3,all,0
    D,_nstart+4,all,0
    D,_nstart+5,all,0
    D,_nstart+6,all,0
    D,_nstart+11,all,0
    D,_nstart+12,all,0
    D,_nstart+13,all,0
    D,_nstart+14,all,0
    D,_nstart+15,all,0
    D,_nstart+16,all,0
    D,_nstart+21,all,0
    D,_nstart+22,all,0
    D,_nstart+23,all,0
    D,_nstart+24,all,0
    D,_nstart+25,all,0
    D,_nstart+26,all,0
    DDELE,_nstart+11,UY
    DDELE,_nstart+12,UY
    DDELE,_nstart+13,UY
    DDELE,_nstart+14,UY
    DDELE,_nstart+15,UY
    DDELE,_nstart+16,UY
```

```
DDELE,_nstart+21,UY
DDELE,_nstart+22,UY
DDELE,_nstart+23,UY
DDELE,_nstart+24,UY
DDELE,_nstart+25,UY
DDELE,_nstart+26,UY
D,_nstart+40,UX,0
D,_nstart+40,UZ,0
D,_nstart+40,ROTY,0
!!!!!!!!!!!!!!!!! 建立约束!!!!!!!!!!!!!!!!!!!!!!!
*SET,_cestart,ARG1*10000+ARG2*100
ce,_cestart+1,0,_nstart+31,uy,1,_nstart+21,uy,-1
ce,_cestart+2,0,_nstart+32,uy,1,_nstart+22,uy,-1
ce,_cestart+3,0,_nstart+33,uy,1,_nstart+23,uy,-1
ce,_cestart+4,0,_nstart+34,uy,1,_nstart+24,uy,-1
ce,_cestart+5,0,_nstart+35,uy,1,_nstart+25,uy,-1
ce,_cestart+6,0,_nstart+36,uy,1,_nstart+26,uy,-1
NSEL,S,,,_nstart+1,_nstart+99
CM,_cd%ARG1%_cl%ARG2%_node,NODE
ESEL,S,,,_estart+1,_estart+99
CM,_cd%ARG1%_cl%ARG2%_elem,ELEMENT
ALLSEL
fini
/GO
```

参 考 文 献

[1] 夏禾.车辆与结构动力相互作用[M].2版.北京:科学出版社,2005.

[2] 李国豪.桥梁结构稳定与振动[M].北京:中国铁道出版社,1996.

[3] 陈榕峰.公路桥梁车桥耦合主要影响因素仿真分析方法研究[D].西安:长安大学,2007.

[4] 蒋培文.公路大跨径连续体系桥梁车桥耦合振动研究[D].西安:长安大学,2012.

[5] 李小珍,张黎明,张洁.公路桥梁与车辆耦合振动研究现状与发展趋势[J].工程力学,2008,25(3):230-240.

[6] 米静,刘永健,刘剑.车-桥耦合振动冲击效应对简支板的影响[J].中国科技论文在线,2010,5(7):516-521.

[7] 宋一凡.公路桥梁动力学[M].北京:人民交通出版社,2006.

[8] 曹雪琴,刘必胜,吴鹏贤.桥梁结构动力分析[M].北京:中国铁道出版社,1987.

[9] 李小珍,强士中.列车-桥梁耦合振动研究的现状与发展趋势[J].铁道学报,2002,24(5):112-120.

[10] Biggs J M. Introduction to Structural Dynamics[M]. New York: McGraw-Hill Press,1964.

[11] Fryba L. Vibration of Solids and Structures under Moving Loads [M]. Groningen:Noordhoff International Publishing,1972.

[12] 林梅,肖盛燮.桥梁车辆振动分析理论评述[J].重庆交通学院学报,1998,17(3):1-8.

[13] Krylov A N. Mathematical Collection of Papers of the Academy of Sciences[J]. St. Petersburg,Russia,1905:161.

[14] Cantieni R. Dynamic Load Tests on Highway Bridges in Switzerland[R]. Dubendorf,Switzerland:Swiss Federal Laboratory for Material Tes-

ting and Research,1983.

[15] Cantieni R. Dynamic Behavior of Highway Bridges under the Passage of Heavy Vehicles[R]. Dubendorf,Switzerland：EMPA,1992.

[16] Timoshenko S P. On the Forced Vibration of Bridges[J]. Philosophy Magazine,1922,43：1018-1019.

[17] Muchnikov V M. Some Methods of Computing Vibration of Elastic Systems Subjected to Moving Loads[M]. Moscow：Gosstroiizdat,1964.

[18] Ryazanova M Ya. Vibration of Beams Produced by the Action of Load Moving on Them (in Russian)[J]. Dopovidi AN URSR,1958,2：157-161.

[19] Inglis C E. A Mathematical Treatise on Vibration in Railway Bridges[M]. Cambridge：The University Press,1934.

[20] 杨建荣.车-桥耦合作用下公路桥梁局部振动研究[D].上海：同济大学,2008.

[21] 王晓臣.移动荷载作用下梁桥动力响应的数值分析[D].杭州：浙江大学,2008.

[22] 章长久.公路桥梁车桥耦合振动分析[D].郑州：郑州大学,2010.

[23] 张洁.公路车辆与桥梁耦合振动分析研究[D].成都：西南交通大学,2007.

[24] 孙韦.车辆荷载作用下连续梁桥的动力响应研究[D].西安：长安大学,2009.

[25] 王森.高速铁路简支梁桥车桥耦合振动仿真分析[D].石家庄：石家庄铁道大学,2014.

[26] 赵雪松.高墩大跨桥梁车-桥耦合振动研究[D].兰州：兰州交通大学,2014.

[27] Chu K H,et al. Dynamic Interaction of Railway Train and Bridges [J]. Vehicle System Dynamics,1980,9(4)：207-236.

[28] Chu K H,et al. Railway-bridge Impact：Simplified Train and Bridge Model [J]. Structural Engineering,ASCE,1979,105(9)：1823-1844.

[29] Dhar C L. A Method of Computing Bridge Impact[D]. Chicago：Illinois Institute of Technology,1978.

[30] Wiriyachai A,Chu K H,Garg V K. Impact Study by Various Bridge Models[J]. Earthquake Engineering & Structural Dynamics, 1982, 10 (1)：31-45.

［31］ Wiriyachai A,Chu K H,Garg V K. Bridge Impact Due to Wheel and Track Irregularities［J］. Engineering Mechanics Division,ASCE,1982,108 (4):648-665.

［32］ Bhatti M H. Vertical and Lateral Dynamic Response of Railway Bridges Due to Nonlinear Vehicle and Track Irregularities［D］. Chicago:Illinois Institute of Technology,1982.

［33］ Wang T L. Impact in A Railway Truss Bridge［J］. Computers & Structures,1993,49(6):1045-1054.

［34］ Wang T L,Shahswy M. Impact in Highway Prestressed Concrete Bridges［J］. Computers & Structures,1992,44(3):525-534.

［35］ Wang T L. Ramp/Bridge Interface in Prestressed Concrete Railway Bridges［J］. Structural Engineering,1990,116(6):1648-1659.

［36］ Wang T L. Impact and Fatigue in Open-deck Steel Truss and Ballasted Prestresses Concrete Railway Bridges［D］. Chicago:Illinois Institute of Technology,1984.

［37］ Diana G,et al. A Numerical Method to Define the Dynamic Behavior of a Train Running on A Deformable Structure［J］. MECCANICA,1988,Special Issue:27-42.

［38］ Diana G,Cheli F. Dynamic Interaction of Railway System with Large Bridges［J］. Vehicle System Dynamics,1989,18(1-3):71-106.

［39］ Olsson M. Finite Element Model Coordinate Analysis of Structures Subjected to Moving Loads［J］. Sound & Vibration,1985,99(1):1-12.

［40］ Olsson M. On the Foundational Moving Load Problems［J］. Sound & Vibration,1991,145(2):299-307.

［41］ Tanabe M,Yamada Y. Model Method for Interaction of Train and Bridge［J］. Computers & Structures,1987,27(1):119-127.

［42］ Bogaert Van. Dynamic Response of Trains Crossing Large Span Double-track Bridges［J］. Constructional Steel Research,1993,24(1):57-74.

［43］ Green M F,Cebon D. Dynamic Response of Highway Bridges to Heavy Vehicles Loads:Theory and Experimental Validation［J］. Sound & Vibration,1994,170(1):51-78.

［44］ Yang Y B,et al. Vehicle-bridge Interaction Analysis by Dynamic Condensation Method［J］. Structural Engineering, ASCE, 1995, 121 (11):

1636-1643.

[45] Yang Y B,et al. Impact Formula for Vehicle Moving over Simple and Continuous Beams[J]. Structural Engineering, ASCE, 1995, 121 (11): 1644-1650.

[46] Yang Y B,Wu Y S. Dynamic Stability of Trains Moving over Bridges Shaken by Earthquakes[C]//High Speed Railways and Bridge Dynamics. Taibei,2002:129-158.

[47] Cheng Y S,Au F T K,Cheung Y K. Vibration of Railway Bridges under A Moving Train by Using Bridge-track-vehicle Element[J]. Engineering Structures,2001,23(12):1597-1606.

[48] Museros P,Alarcon E. Influence of the Second Bending Mode on the Response of High-speed Bridges at Resonance[J]. Journal of Structural Engineering,2005,131(3):405-415.

[49] Dinh V N,Kim K D,Warnitchai P. Dynamic Analysis of Three-dimensional Bridge High-speed Train Interactions Using a Wheel-rail Contact Model[J]. Engineering Structures,2009,31(12):3090-3106.

[50] Adam C,Salcher P. Dynamic Effect of High-speed Trains on Simple Bridge Structures[J]. Structural Engineering and Mechanics, 2014, 51 (4): 581-599.

[51] Kawatani M,Komatsu S. Nonstationary Random Response of Highway Bridges under a Series of Moving Vehicles[J]. Structure Engineering/Earthquake Engineering,1988,5(2):285-292.

[52] Kou C H,Benzley S E K,Huang J Y,et al. Free Vibration Analysis of Curved Thin-walled Girder Bridges Element[J]. Journal of Structural Engineering,1992,118(10):2890-2910.

[53] Wang T L,Huang D Z. Cable-stayed Bridge Vibration Due to Road Surface Roughness[J]. Journal of Structural Engineering,ASCE,1992,118(5): 1354-1373.

[54] Kawatani M,Kobayashi Y,Takamori K. Non-stationary Random Analysis with Coupling Vibration of Bending and Torsion of Simple Girder bridge Under Moving Vehicle [J]. Structural Engineering, 1998, 15 (1): 107-114.

[55] Chatterjee P K,Datta T K. Vibration of Continues Bridges under

Moving Vehicles[J]. Journal of Sound and Vibration,1994,169(5):619-632.

[56] Wang T L,Huang D Z,Mohsen S. Dynamic Behavior of Slant-legged Rigid Frame Highway Bridge[J]. Journal of Structural Engineering,1994,120(3):885-902.

[57] Kou J W,DeWolf J T. Vibrational Behavior of Continuous Span Highway Bridge-Influencing Variables[J]. Journal of Structural Engineering,1997,123(3):333-344.

[58] Zheng D Y,Cheung Y K,Au F T K,et al. Vibration of Multi-span Non-uniform Beams under Moving Loads by Using Modified Beam Vibration Functions[J]. Journal of Sound and Vibration,1998,212(3):455-467.

[59] Zhang Q L,Vrouwenvelder A,Wardenier J. Dynamic Amplification Factors and EUDL of Bridges under Random Traffic Flows[J]. Engineering Structures,2001,23(6):663-672.

[60] Croce P,Salvatore W. Stochastic Model for Multilane Traffic Effects on Bridges[J]. Journal of Bridge Engineering,ASCE,2001,6(2):136-143.

[61] Xu Y L,Guo W H. Dynamic Analysis of Coupled Road Vehicle and Cable-stayed Bridge System under Turbulent Wind[J]. Engineering Structures,2003,25(4):473-486.

[62] Da Silva J G S. Dynamical Performance of Highway Bridge Decks with Irregular Pavement Surface[J]. Computers & Structures,2004,82(11-12):871-881.

[63] Calcadal R,Cunha A,Delgado R. Analysis of Traffic-induced Vibrations in a Cable-stayed. Bridge Part I:Experimental Assessment[J]. Journal of Bridge Engineering,ASCE,2005,10(4):370-385.

[64] Calcadal R,Cunha A,Delgado R. Analysis of Traffic-induced Vibrations in a Cable-stayed. Bridge Part II:Numerical Modeling and Stochastic Simulation[J]. Journal of Bridge Engineering,ASCE,2005,10(4):386-397.

[65] Kwasniewski L,Li H Y,Wekezer J,et al. Finite Element Analysis of Vehicle-bridge Interaction[J]. Finite Elements in Analysis and Design,2006,42(11):950-959.

[66] 李国豪. 桁梁桥的扭转、稳定和振动[M]. 北京:人民交通出版社,1975.

[67]　陈英俊.车辆荷载下桥梁振动理论的演进[J].桥梁建设,1975(2):21-36.

[68]　程庆国,许慰平.大跨度铁路斜拉桥列车走行性探讨[M]//中国土木工程学会桥梁及结构工程分会.全国桥梁结构学术大会论文集.上海:同济大学出版社,1992:41-51.

[69]　程庆国,潘家英.大跨度铁路斜拉桥竖向刚度分析[M]//中国土木工程学会桥梁及结构工程分会.全国桥梁结构学术大会论文集.上海:同济大学出版社,1992:1163-1168.

[70]　许慰平.大跨度铁路桥梁车桥空间耦合振动研究[D].北京:铁道科学研究院,1988.

[71]　张煜,柯在田.既有线提速至160km/h桥梁评估的研究[J].中国铁道科学,1996,17(1):9-20.

[72]　张健峰.大跨度铁路钢斜拉桥刚度问题的研究[D].北京:铁道科学研究院,1981.

[73]　高岩,张煜.高速铁路中小跨度桥梁竖、横向刚度限值及合理分布的研究[J].铁道建筑技术,2000(4):11-14.

[74]　高岩,沈锐利,柯在田,等.提速对桥梁振动与车辆过桥走行性的影响及其对策[J].中国铁道科学,2000,21(2):19-25.

[75]　曹雪琴.列车通过时桥梁结构竖向振动分析[J].上海铁道学院学报,1981,2(3):1-15.

[76]　曹雪琴.钢桁梁桥横向振动[M].北京:中国铁道出版社,1991.

[77]　曹雪琴,陈晓.轮轨蛇行引起桥梁横向振动随机分析[J].铁道学报,1986,8(1):89-97.

[78]　马坤全,曹雪琴,朱金龙.列车通过抢修高墩横向振动随机分析[J].铁道学报,1998,20(2):88-94.

[79]　曹雪琴,顾萍.沪宁线限速钢梁桥提速试验与分析[J].上海铁道科技,2000(3):14-16.

[80]　王刚,曹雪琴.高速铁路大跨度斜拉桥车桥动力分析[J].上海铁道大学学报,2000,21(8):7-11.

[81]　曹雪琴,吴定俊,罗蔚文,等.铁路桥梁刚度检定标准总报告[R].上海:上海铁道大学,1999.

[82]　张麒,曾庆元.钢桁梁桥横向刚度控制指标的探讨[J].桥梁建设,1998,28(1):1-4.

［83］　张麒,曾庆元.焦枝复线洛阳黄河大桥横向刚度分析[J].桥梁建设,2000,30(4):14-16.

［84］　郭文华,郭向荣,曾庆元.京沪高速铁路南京长江大桥斜拉桥方案车桥系统振动分析[J].土木工程学报,1999,32(3):23-27.

［85］　郭向荣,曾庆元.高速铁路多Ⅱ形预应力混凝土梁桥动力特性及列车走行性分析[J].铁道学报,2000,22(1):72-78.

［86］　葛玉梅,袁向荣.机车-桁架桥梁耦合振动研究[J].西南交通大学学报,1998,33(2):138-142.

［87］　李小珍,强士中,沈锐利.高速列车-大跨度钢斜拉桥空间耦合振动响应研究[J].桥梁建设,1998,28(4):65-68.

［88］　李小珍,王应良,强士中.大跨度连续拱桁组合钢桥空间振动分析[J].振动与冲击,1999,18(4):35-39.

［89］　郝超,强士中,马栋君.移动荷载作用下桥梁的振动控制[J].国外桥梁,1999(3):38-42.

［90］　黄维平,强士中.大跨度悬索桥环境振动的双向TMD控制[J].地震工程与工程振动,1999,19(1):100-103.

［91］　夏禾,陈英俊.车-梁-墩体系动力相互作用分析[J].土木工程学报,1992,25(2):3-12.

［92］　夏禾.列车过桥时高桥墩的动力响应及其对车辆运行稳定性的影响[D].北京:北京交通大学,1984.

［93］　夏禾,陈英俊.风和列车荷载同时作用下车桥系统的动力可靠性[J].土木工程学报,1994,27(2):14-21.

［94］　夏禾,阎贵平.列车-斜拉桥系统在风载作用下的动力响应[J].北京交通大学学报,1995,19(2):131-136.

［95］　阎贵平,夏禾.列车与刚梁柔拱组合系桥系统的地震响应分析[J].北京交通大学学报,1994,18(1):10-16.

［96］　Xu Y L,Xia He.Dynamic Response of Suspension Bridge to High Wind and Running Train[J].Bridge Engineering,ASC,2003(8):46-55.

［97］　张楠.高速铁路铰接式列车的车桥动力耦合问题的理论分析与试验研究[D].北京:北京交通大学,2002.

［98］　郭艳,夏禾,郭薇薇.斜拉桥在地震与列车荷载同时作用下的动力响应分析[J].工程力学,2006,23(1):93-98.

[99] 王元丰,许士杰.桥梁在车辆作用下空间动力响应的研究[J].中国公路学报,2000,13(4):38-41.

[100] 刘菊玖,张海龙.桥梁冲击系数反应谱的理论分析[J].公路,2001(7):77-80.

[101] 胡振东,王华林.高速车辆过桥时的舒适性分析[J].振动与冲击,2002,21(4):103-105.

[102] 盛国刚,彭献,李传习.车-桥耦合系统的动力特性分析[J].交通科学与工程,2003,19(4):10-13.

[103] 张庆,史家钧,胡振东.高速车辆-桥梁结构耦合振动分析[J].振动与冲击,2003,22(2):49-52.

[104] 张庆,史家钧,胡振东.车辆-桥梁耦合作用分析[J].力学季刊,2003,24(2):577-584.

[105] 沈火明,肖新标.求解车桥耦合振动问题的一种数值方法[J].西南交通大学学报,2003,38(6):658-662.

[106] 陈炎,黄小清,马友发.车桥系统的耦合振动[J].应用数学和力学,2004,25(4):354-358.

[107] 严志刚,盛洪飞,陈彦江.桥面平整度对大跨度钢管混凝土拱桥车辆振动的影响[J].中国公路学报,2004,17(4):41-44.

[108] 丁南宏,林丽霞,孙迎秋,等.公路连拱桥在单车荷载下振动的理论和试验研究[J].兰州交通大学学报,2005,24(3):28-32.

[109] 彭献,殷新锋,峁秋华.车-桥系统的振动分析及控制[J].动力学与控制学报,2006,4(3):253-258.

[110] 韩万水.风-车-桥系统耦合振动研究[D].上海:同济大学,2006.

[111] 万信华,胡晓燕,郝行舟,等.非平整桥面引起大跨斜拉桥车桥耦合振动响应研究[J].振动与冲击,2007,26(2):66-71.

[112] 张鹤,张治成,谢旭,等.多牙形多拱肋钢管混凝土桁架拱桥动力冲击系数研究[J].工程力学,2008,25(7):118-124.

[113] 周新平,宋一凡,贺栓海.公路曲线梁桥车桥耦合振动数值分析[J].长安大学学报:自然科学版,2009,29(6):41-46.

[114] 施颖,宋一凡,孙慧,等.基于 ANSYS 的公路复杂桥梁车桥耦合动力分析方法[J].天津大学学报,2010,43(6):537-543.

[115] 施颖,田清勇,宋一凡,等.基于 ANSYS 的公路桥梁车桥耦合振动响应数值分析方法[J].公路,2010(3):66-70.

[116] 蒋培文,贺拴海,宋一凡,等.桥面局部凹陷时的连续梁车桥耦合振动分析[J].武汉理工大学学报,2011,33(2):82-86.

[117] 蒋培文,贺拴海,宋一凡,等.大跨径连续梁多工况车桥耦合振动规律分析[J].武汉理工大学学报,2011,33(7):62-67.

[118] 蒋培文,贺拴海,宋一凡,等.多车辆-大跨连续梁桥耦合振动响应分析[J].郑州大学学报:工学版,2011,32(5):91-95.

[119] 蒋培文,贺拴海,宋一凡,等.重载车辆-简支梁桥耦合振动影响参数分析[J].合肥工业大学学报:自然科学版,2012,35(2):205-211.

[120] 蒋培文,贺拴海,宋一凡,等.简支梁车桥耦合振动及其影响因素[J].长安大学学报:自然科学版,2013,33(1):59-66.

[121] 韩万水,王涛,李永庆,等.基于模型修正梁格法的车桥耦合振动分析系统[J].中国公路学报,2011,24(5):47-55.

[122] 马麟,韩万水,吉伯海,等.实际交通流作用下的车-桥耦合振动研究[J].中国公路学报,2012,25(6):80-87.

[123] 韩万水,马麟,汪炳,等.随机车流-桥梁系统耦合振动精细化分析与动态可视化[J].中国公路学报,2013,26(4):78-87.

[124] 闫永伦,周建廷.关于我国现行《公路桥涵设计通用规范》"冲击系数"规定的几点探讨[J].公路,2003(6):14-16.

[125] American Association of State Highway and Transportation Officals (AASHTO). LRFD Bridge Design Specifications [S]. Washington D C,2004.

[126] American Association of State Highway and Transportation Officals(AASHTO). Standard Specifications for Highway Bridges[S]. Washington D C,2002.

[127] BS 5400. Steel,Concrete and Composite Bridges. Part 2. Specification for load[S]. London:British Standard Institution:1978.

[128] 中交公路规划设计院.公路桥涵设计通用规范:JTJ 021—1985[S].北京:人民交通出版社,1985.

[129] 高宗余.武汉天兴洲公铁两用长江大桥总体设计[J].桥梁建设,2007,37(1):5-9.

[130] 刘永健,刘剑,刘君平,等.刚性悬索加劲钢桁梁桥施工阶段全桥模型试验研究[J].土木工程学报,2010,43(2):72-78.

[131]　刘永健,刘世忠,张俊光,等.三桁钢桁梁桥横桥向内力调整方法及影响参数[J].广西大学学报:自然科学版,2011,36(1):75-82.

[132]　刘永健,刘世忠,米静,等.双层公路钢桁梁桥车桥耦合振动[J].交通运输工程学报,2012,12(6):20-28.

[133]　米静.车桥耦合振动对双层钢桁桥的冲击作用研究[D].西安:长安大学,2011.

[134]　中交公路规划设计院.公路桥涵设计通用规范:JTG D60—2015[S].北京:人民交通出版社,2015.

[135]　朱劲松,邑强.中下承式拱桥吊杆应力冲击系数不均匀性研究[J].振动与冲击,2012,31(13):5-10.

[136]　吴启宏.动力系数的影响因素试验研究[J].中国公路学报,1991,4(2):57-64.

[137]　陈玲莉.工程结构动力分析数值方法[M].西安:西安交通大学出版社,2006.

[138]　王新敏.ANSYS 工程结构数值分析[M].北京:人民交通出版社,2007.

[139]　Green M F,Cebon D. Dynamic Interaction Between Heavy Vehicles and Highway Bridges[J]. Computer & Structures,1997,62(2):253-264.

[140]　Hwang E S,Nowak A S. Simulation of Dynamic Load for Bridges[J]. Journal of Structure Engineering,ASCE,1991,117(5):1413-1434.

[141]　王金龙.ANSYS12.0 土木工程应用实例解析[M].北京:机械工业出版社,2011.

[142]　赖永标,胡仁喜,黄书珍.ANSYS 11.0 土木工程有限元分析典型范例[M].北京:电子工业出版社,2007.

[143]　罗永会,黄书珍.ANSYS 13.0 土木工程应用十日通[M].北京:中国建筑工业出版社,2011.

[144]　曾攀,雷丽萍,方刚.基于 ANSYS 平台有限元分析手册:结构的建模与分析[M].北京:机械工业出版社,2011.

[145]　王伟.ANSYS 14.0 土木工程有限元分析从入门到精通[M].北京:清华大学出版社,2013.

[146]　何本国.ANSYS 土木工程应用实例[M].3 版.北京:中国水利水电出版社,2011.

[147] 张朝晖.ANSYS 12.0结构分析工程应用实例解析[M].3版.北京:机械工业出版社,2010.

[148] 谢龙汉,刘新让,刘文超.ANSYS结构及动力学分析[M].北京:电子工业出版社,2012.

[149] 郝文化.ANSYS土木工程应用实例[M].北京:中国水利水电出版社,2005.

[150] 包世华.结构动力学[M].武汉:武汉理工大学出版社,2005.

[151] 刘晶波,杜修力.结构动力学[M].北京:机械工业出版社,2005.

[152] 盛宏玉.结构动力学[M].2版.合肥:合肥工业大学出版社,2007.

[153] R克拉夫,J彭津.结构动力学[M].2版.王光远,译.北京:高等教育出版社,2006.

[154] 张洪才.ANSYS 14.0理论解析与工程应用实例[M].北京:机械工业出版社,2013.

[155] 王新敏,李义强,许宏伟.ANSYS结构分析单元与应用[M].北京:人民交通出版社,2011.

[156] 杨绍普,陈立群,李韶华.车辆-道路耦合系统动力学研究[M].北京:科学出版社,2012.

[157] 余志生.汽车理论[M].5版.北京:机械工业出版社,2009.

[158] 俞凡,林逸.汽车系统动力学[M].北京:机械工业出版社,2005.

[159] 葛俊颖,王立友.基于ANSYS的桥梁结构分析[M].北京:中国铁道出版社,2007.

[160] 刘献栋,邓志党,高峰.公路路面不平整度的数值模拟方法研究[J].北京航空航天大学学报,2003,29(9):843-846.

[161] 国家标准局.车辆振动输入 路面平度表示方法:GB/T 7031—1986[S].北京:中国标准出版社.

[162] 王元丰,王颖,王东军.铁路轨道不平整度模拟的一种新方法[J].铁道学报,1997,19(6):110-115.

[163] 星谷胜,常保琦.随机振动分析[M].北京:地质出版社,1977.

[164] 陈果,翟婉明.铁路轨道不平整度随机过程的数值模拟[J].西南交通大学学报,1999,34(2):138-142.

[165] 周长城,周金宝,任传波,等.汽车振动分析与测试[M].北京:北京大学出版社,2011.

[166] 曾攀.有限元分析及应用[M].北京:清华大学出版社,2006.

[167] 陈国荣.有限单元法原理及应用[M].北京:科学出版社,2009.

[168] 朱伯芳.有限单元法原理与应用[M].5 版.北京:中国水利水电出版社,1998.

[169] Henchi K,Fafard M,Talbot M,et al. An Efficient Algorithm for Dynamic Analysis of Bridges under Moving Vehicles Using a Coupled Modal and Physical Components Approach[J]. Journal of Sound and Vibration,1998,212(4):112-175.

[170] 博弈创作室.ANSYS 7.0 基础教程与实例详解[M].北京:中国水利水电出版社,2004.

[171] 博弈创作室.APDL 参数化有限元分析技术及其应用实例[M].北京:中国水利水电出版社,2004.

[172] 师访.ANSYS 二次开发及应用实例详解[M].北京:中国水利水电出版社,2012.

[173] 博弈创作室.ANSYS 9.0 经典产品高级分析技术与实例详解[M].北京:中国水利水电出版社,2005.

[174] 龚曙光,谢桂兰,黄云清.ANSYS 参数化编程与命令手册[M].北京:机械工业出版社,2009.

[175] 张权,裴强,全厚辉,等.核电站循环水泵房结构设计配筋程序开发[J].世界地震工程,2013,29(3):107-112.

[176] 李斌,邢健,陈浩,等.塔机臂架有限元参数化设计系统的模块设计[J].沈阳建筑大学学报:自然科学版,2008,24(5):872-876.

[177] 王桂萱,王伟,赵杰.基于钢筋混凝土沟道有限元计算程序设计的ANSYS 二次开发[J].沈阳建筑大学学报:自然科学版,2013,29(4):642-648.

[178] 吴鹏,曾红,韩迈.基于 ANSYS 的二次开发技术的实现方法[J].辽宁工学院学报,2004,24(5):25-29.

[179] 梁克鹏.基于 ANSYS 二次开发的风振响应软件包[D].北京:北京交通大学,2010.

[180] 张涛.ANSYS APDL 参数化有限元分析技术及其应用实例[M].北京:中国水利水电出版社,2013.

[181] 刘剑.新型组合钢桁桥可靠性分析及极限承载力评估[D].西安:长安大学,2010.

[182] 蒋树勤.双层公路钢桁梁桥极限承载力有限元分析[D].西安:长安大学,2010.

[183] 李邹力,蔡正东,黄清,等.东莞市莞深高速东江大桥主桥检测评估报告[R].武汉:中铁大桥局集团武汉桥梁科学研究院有限公司,2013.

[184] 张士铎.活载冲击系数还是动力系数[J].公路,1992(2):7-12.

[185] 杨建荣,李建中,申俊昕.钢管混凝土系杆拱桥车桥耦合振动分析[J].北京工业大学学报,2012,38(6):847-853.